H 行业战略·管理·运营书系

本书的出版得到河北省软科学研究计划项目"河北省承接航天产业转移研究"（134576218D）和河北省高等学校青年拔尖人才计划项目"京津冀一体化下河北承接京津产业转移研究"（BJ2014061）的资助和支持。

河北承接航天产业转移研究

■ 陶瑞 著

知识产权出版社

全国百佳图书出版单位

图书在版编目（CIP）数据

河北承接航天产业转移研究/陶瑞著. —北京：知识产权
出版社，2015.5

ISBN 978 – 7 – 5130 – 3482 – 1

Ⅰ. ①河…　Ⅱ. ①陶…　Ⅲ. ①航天工业—产业转移—
研究—河北省　Ⅳ. ①F426.5

中国版本图书馆 CIP 数据核字（2015）第 097601 号

内容提要

产业的转移与承接是京津冀协同发展的重要内容，而航天等军工产业与地方经济的深度对接，也是军民融合的重要举措。本书在对航天产业转移机制进行系统分析的基础上，结合河北地区的承接能力评估，提出航天产业转移承接的战略定位、承接模式和政策建议，以便为相关研究和政策的制定提供借鉴。

责任编辑：荆成恭　　　　　　　　　责任校对：董志英

　　　　　　　　　　　　　　　　　责任出版：孙婷婷

河北承接航天产业转移研究

陶　瑞　著

出版发行：知识产权出版社 有限责任公司		网　　址：http://www.ipph.cn	
社　　址：北京市海淀区马甸南村 1 号		邮　　编：100088	
责编电话：010 – 82000860 转 8341		责编邮箱：jcggxj219@163.com	
发行电话：010 – 82000860 转 8101/8102		发行传真：010 – 82000893/82005070/82000270	
印　　刷：北京中献拓方科技发展有限公司		经　　销：各大网上书店、新华书店及相关专业书店	
开　　本：720mm × 1000mm　1/16		印　　张：11.5	
版　　次：2015 年 5 月第 1 版		印　　次：2015 年 5 月第 1 次印刷	
字　　数：152 千字		定　　价：38.00 元	

ISBN 978 – 7 – 5130 – 3482 – 1

自　序

2014 年 2 月 26 日习近平总书记在听取了京津冀协同发展专题汇报后，明确提出了京津冀协同发展的指导思想、基本原则、总体思路和重大任务，标志着京津冀协同发展上升到国家战略。2015 年 3 月 12 日，习近平总书记强调，要将军民融合发展上升为国家战略，加快形成全要素、多领域、高效益的军民融合深度发展格局，丰富融合形式，拓展融合范围，提升融合层次。

北京作为全国的政治中心、文化中心、科技创新中心和国际交往中心，以清华、北大为代表的高校院所，以中石化、中石油为代表的世界五百强企业总部，以航天科技、航天科工为代表的军工企业总部，均汇集于此；近年，随着以金融、信息和商务等现代服务业的迅猛发展，北京已迈入后工业化阶段，借助京津冀协同发展机会，围绕其"知识型＋服务型"的城市定位，北京将加大产业转移的步伐。天津作为我国四大直辖市之一及国际港口城市、北方经济中心、自由贸易试验区和全国重要的航空航天产业基地，基本形成了大飞机、直升机、无人机、大火箭、卫星即"三机一箭一星"航空航天产业发展格局，近年随着载人空间站等超大型航天器项目的落户与发展，天津的航天产业发展进一步加快；从现有的天津产业结构来看，天津已进入工业化后期，在承接北京技术与产业扩散的同时，也将加大向河北地区转移产业和扩散技术。航天产业作为当今世界最具挑战性和广泛带动性的高科技领域之一，拥有强大的先导性和综合性及显著的产业带动效应、溢出效应和辐射效应等，发展航天产业已成为国内各地区优化产业结构、增强经济活力、提升科技实力的重要举措；在军民融合战略推进下，国内大多省市均与航天两大集团签署战略合作协议，试图通过承接航天转移产业，打造航天产业基地，并借助产业化项目的牵引，形成产业集群，引领当地科技与经济的快速发展。河北相对于京津虽然有较大的领土面积和较多的人口数量（分别是北京的 11.5 倍和 3.4 倍，天津的 15.9 倍和 4.9 倍），但是不论在高校院所的数量和质量上，还是企业的体量和发展活力上，均与京津特别是北京有显著差距；从整体来看，河北整体上处于工业化中期，产业结构调整压力大，急需借助京津协同发展，通过加大产业承接，加快传统制造业的改进与升级，推进现代制造业和服务业的快速发展，从而实现省内产业结构的优化和经济发展质量的提升。而借助军民融合战略，通过承接发展航天产业，利用其技术、资本和人才密集的优势，发展军民结合产业，来带动河北地区产业结构升级，是一条可行之路。事实上，早在 2011 年，河北省就已与航天两大集团签署了战略合作协议，希望借助两大集团的优势，积极培育航天技术装备、卫星应用、卫星导航、新能源、新材料和高端装备制造等战略性新兴产业。

本书以此为背景，在河北省软科学研究计划项目"河北省承接航天产业转移研究"和河北省高等学校青年拔尖人才计划项目"京津冀一体化下河北承接京津产业转移研究"的支持下，在北华航天工业学院郝玉龙校长、李国洪副校长、毋庆刚主任以及北京大学光华管理学院刘学副院长等的鼓励下，在知识产权出版社荆成恭编辑的帮助下，围绕河北省承接航天产业转移开展研究，并在以下方面取得研究成果：第一，对航天产业进行了系统描述。由于航天技术的特殊性，使得航天产业变的特殊和充满神秘，为此，通过明确航天技术的内涵、特征和应用效应，提出了航天产业的内涵、特点和类型，并对国内航天产业的发展历程及特征进行详细阐述、对我国当前的航天产业内容进行具体介绍。第二，提出了航天产业转移形成的推拉模型。即借助人口迁移的推拉理论分析框架，将航天产业转移也看作推力、拉力、阻碍力、排斥力共同作用的结果，并以北京作为转出地、河北作为承接地进行具体分析，得出，在京津冀协同发展下，这种转移趋势将进一步加快；第三，定量评价了河北承接航天产业转移的能力。即通过界定航天产业转移承接能力的内涵，设计了承接能力评价指标体系，借助基于组合赋权的综合评价模型，对河北 11 个地市的承接航天产业的能力进行具体评价，并按照评价结果将其划分为三个承接层次；第四，提出河北承接航天产业的战略定位和承接模式。即按照前面研究成果，将航天产业承接的区域定位为核心地区和边缘地区两类，将航天产业承接的类别定位为试验测试环节、航天基础部件和终端材料以及航天技术应用项目，将承接模式设计为特色产业园区承接、填补链条式承接和合作共建式承接；第五，提出河北承接航天产业转移的政策建议。即围绕可操作性原则，为做好航天产业的转移承接，并推进其发展壮大，从硬环境建设、软环境建设和竞争性环境建设三个方面提出具体政策建议。

最后，希望本书的出版为从事产业经济、区域经济的科研人员和高校师生，以及航天企业及相关政府部门的政策制定者，提供有益的理论与实践借鉴。

陶 瑞

2015 年 3 月

目　录

第1章 绪 论

1.1 研究的背景与意义

航天产业是当今世界最具挑战性和广泛带动性的高科技领域之一，发展航天产业已成为世界各国增强经济实力、科技实力、国防实力和民族凝聚力的重要举措。从航天产业的短期带动效益来看，主要是通过航天产业与其上下游产业的互动来实现，据美国商业航天运载办公室发布的《商业空间运载项目对美国经济的影响》的研究报告指出，航天商业空间运载项目（主要包括地面装备制造、发射工具制造、卫星制造、卫星服务、航天遥感和物流配送等）所产生的直接效应为166亿美元，相关产业的短期带动乘数为5.89，短期内为美国经济带来980亿美元产值；[1]斯特拉斯堡大学通过研究欧洲航天项目投资对欧盟成员国经济的影响发现，欧洲航天产业的短期带动乘数至少是4。[2]加拿大通过对其空间规划的经济效应进行评估发现，移动服务系统为私人部门带来的收益为60亿加元，投入产出比为1:4.3；地球观测带来的收益为99亿加元，投入产出比为1:4.9；卫星通信带来的收益为33亿加元，投入产出比为1:9.6。[3]从航天产业的长期带动效益来看，主要借助航天技术的综合性、先导性和带动性，推动计算机、信息技术、光电子、生物医药、高端装备制造、新能源和新材料等高技术产业的发展。例如，美国中西部研究所通过研究美国航天投资活动对经济增长的长期贡献，发现美国航天产业从1974年开始在后续的 20 年间产生的投入产出比为 1:9，美国契斯研究所的研究结果表明，美国航天产业的投入产出比是 1:14。[4]

我国航天产业经过 50 多年的发展，在夺取空间优势、促进军事现代化和提升国家技术水平方面所起的带动作用越来越明显，特别是在对国民经济发展的贡献方面，已拥有举足轻重、不可替代的地位和作用。中国航天系统科学与工程研究院院长王昆声曾表示，在我国近年所开发的 1100 多种新材料中，80% 左右是在航天技术的牵引下研制完成的，有近 2000 项航天技术成果已移植到国民经济各个部门。相关研究表明，我国航天科技领域每年投入 100 多亿元，其产值达到 200 多亿元，产生 5~6 倍的辐射效果，带动相关产业形成 1200 亿元的市场规模。

为了充分利用航天产业强大的先导性和综合性以及显著的产业带动效应、溢出效应和辐射效应等，我国部分地区已开始将军转民纳入到地区经济发展规划中，并通过建设航天产业基地来承接航天产业、促进地方经济与社会的快速发展。例如，2006 年 1 月，中国航天科技集团与上海市政府签署战略合作框架协议，在上海闵行区建设航天科技产业基地，推动太阳能光伏、稀土永磁电机和复合材料等航天民用产业项目发展，经过四年建设，该基地已有 11 个项目入园，共吸纳内资 32.6 亿元，外资 0.23 亿美元；同年 7 月，航天科技集团与陕西省联合打造的西安航天产业基地隆重挂牌，经过四年建设，该基地产值达到 134.1 亿元，基本形成了以军带民、军民融合的发展格局，预计到"十二五"末，该基地产值将达到 500 亿元，成为陕西省重要的经济板块和发展引擎。随后，北京、天津、深圳等地也纷纷与航天科技集团共建航天产业基地，以承接航天技术应用产业和航天服务业等。事实上，航天内外的领导、专家和各界人士已意识到，我国航天产业只有更好地从科研实验型向业务应用型转化、向商业化运行转化，才能更好地实现自身快速发展，而与地方合作则是一种很好的转化途径，而且随着航天技术的广泛应用，将更深层次地渗透到国民经济各领域，更广泛地改造传统产业。

河北省作为唯一环绕北京、天津两市和东临环渤海湾的省份，经过几十年的发展，基本形成门类齐全、具有一定基础的工业体系。鉴于其地域优势和工业基础，近年也承接了不少北京转移产业，但主要集中在钢铁、冶金、机器制造等资源消耗型、环境污染型产业，使得对河北产业结构优化和调整的作用不是很大，再加上北京、天津地区"虹吸效应"突出，优秀的人才、资源不断地逆向转移到京津地区，造成河北省经济发展相对迟缓。为了更好地优化河北当前的"二三一"产业结构，实现河北经济持续健康发展，仅靠河北自身的力量或依靠承接北京等地转出的传统产业还不能实现，需要注入一些科技含量高的产业以带动现有产业发展和产业结构升级。航天产业作为集多学科、高精尖技术于一体的综合性产业，在引领地区科技进步和经济发展方面作用显著。例如，郭岚等应用定量分析方法研究了上海载人航天产业投资对当地经济的带动作用，发现短期乘数效应为1:2.7，长期投入产出比达到1:3.58，虽然与发达国家相比，其带动作用都还较小，但这种作用依然十分明显，对上海地区经济活动产生了深远影响。[5]为此，在航天与地方合作的浪潮下，2011年11月，河北省与中国航天科技集团、中国航天科工集团签署了战略合作协议，拟在运载火箭、航天器制造与试验、卫星应用、新材料、新能源、高端装备制造和信息技术等战略性新兴产业重点领域开展深入合作，并通过承接航天两大集团相关的产业项目、高科技设施等，充分利用其技术研发、信息服务和人才等优势，推进河北省科技文化发展和产业结构的优化调整。未来，随着河北省与航天两大集团合作的全面开展以及京津冀一体化战略的实施，在现有承接实践上，河北省将进一步加大对航天产业的承接力度和提高对航天产业的承接层次。但河北省如何更有效地承接这些航天产业，即如何进行区域布局和产业类别定位、采取何种承接模式以及出台哪些保障措施等，这些都是政府决策者迫切要解决的重要问题。

基于此，本书将重点围绕航天产业发展情况、航天产业转移形成机制、河北省承接航天产业转移能力评价、河北省承接航天产业的战略定位以及河北省承接航天产业的政策建议等方面开展研究，从而为相关部门决策者理解航天产业及其转移活动、认识河北省承接航天产业的现实情况及制定有效承接和发展航天产业的相关政策等提供有益的借鉴。

1.2 研究现状

1.2.1 产业转移

1.2.1.1 产业转移的内涵

产业转移一般是指由于资源供给或产品需求条件的变化，而导致一些产业从某一国家或地区转移到另一国家或地区的经济过程。以下是不同时期和理论背景下，关于产业转移的理论及内涵的介绍。

（1）古典贸易理论下的产业转移

新古典经济学理论下的古典贸易理论最早涉及产业转移研究，比较有代表性的是亚当·斯密的绝对优势理论和大卫·李嘉图的比较优势理论，他们强调由于各国不同的劳动生产率导致国家分工和国际贸易，为产业转移奠定理论基础。在上述理论基础上，日本经济学家赤松要在对日本棉纺工业发展史研究基础上提出的雁行模式是较早形成的国际产业转移理论，在该模式中三只雁分别代表进口、国内生产和出口，反映了日本产业的发展路径是"进口—国内生产（进口替代）—出口"，[6]同时，也形象地说明后发国家在产业发展中，先要承接发达国家处于比较劣势的产业转移，等实现工业化和替代了国外进口产品之后，进一步发挥自身比较优势将其转移到欠发达国家，实现出口转化。

美国经济学家弗农以要素禀赋差异存在为前提，提出了产品生命周期理论，认为产品生命周期可划分为创新产品、成熟产品和标准化产品。当产品为创新阶段时，本国在这种新产品上拥有技术上的竞争优势，将生产和出口这种产品；随着这种新产品从创新阶段向成熟阶段转变时，说明产品技术已开始传播，产品出口国开始失去该产品的技术比较优势；而当产品从成熟阶段转向标准化阶段时，说明产品进口国已获得该产品生产的必要技术，产品生产将转向那些具有成本优势的国家。[7]

随着产品生命周期理论在区域经济学中的应用，产业梯度转移理论开始形成。该理论认为由于不同地区的资源禀赋、地理条件和历史基础等的不同，造成地区间存有经济、技术等方面的梯度差异，伴随着资源供给和产品需求条件等的变化，那些失去比较优势的产业，开始从高梯度地区向低梯度地区转移。[8]根据梯度转移理论，产业发展在客观上存在的区域性梯度差异，使得产业转移成为可能。通过区际产业转移，存在技术经济水平梯度差异的两个地区按互补性原则，将一个地区内失去比较优势的产业转往具有比较优势的地区，这样，既可摆脱包袱，充分利用沉淀资金，获得比较利益，又可为本地区发展其他优势产业提供有效空间，推动产业升级。

（2）新贸易理论下的产业转移

进入 20 世纪 80 年代，随着国际贸易理论的微观化发展，关于产业转移的研究出现两个新的发展趋势：从第一个发展趋势来看，随着世界各国在生产上的分工合作和相互依赖达到前所未有的程度，生产的全球化开始取代贸易和投资的全球化，特别是生产链条中一些工序和工艺层次在国家间的转移，促使人们开始将关注重点从产业内的国际分工转向国际产业转移，如 Porter 在《竞争优势》中提到，分布于从原材料到最终产品的各个阶段中相互联系的价值创造活动，即产业价值链，会随着产业内分工的纵深发展以及生产迂回程度的加强，将逐步裂变和细化，使得整个链条不断延长，由于链条中各环节的技术含量不同、价值不同，可进行拆分，这种价值链的拆分使得产业链不同环节在不同地区和国家进行转移变成了可能；[9]从第二个发展趋势来看，随着产业转移规模的不断扩大，转移的方式不断多样化，人们又将关注点从国际产业转移转向区域产业转移，并推动了新经济地理学和空间经济学的诞生，以 Fujita 等人为代表的学者认为，产业区位是地区集聚力和扩散力共同作用的结果，刚开始企业为了追求规模经济和降低运输成本，在产业前后向联系的作用下，大规模向具有规模优势的地区集聚，形成制造业的地理集中，导致中心—外围结构的形成，但随着集聚地区非贸易价格的不断提高，以及劳动力成本在中心与外围地区间的差距加大，扩散力增强，促使一些产业转移到新的地区。[10]该理论从产业地理区位的角度对产业集聚的形成、发展和消亡过程开展研究，摆脱了国别和地区的限制，较完整地解释了相关产业从进入到离开某一地理区位的过程，对产业转移研究提供了新视角。

1.2.1.2 产业转移的影响因素

在要素禀赋方面，刘易斯基于 H - O 定理（由于两国各种生产要素的相对丰裕程度不同，在生产过程中所使用的生产要素的价格则存在差别，进而在相同的技术水平下，两国生产同一产品的成本和价格也就不同，从而解释了国际分工形成的原因），把劳动密集型产业作为产业转移的主体，并且把产业转移与比较优势的变化相联系，从劳动力成本的角度分析了产业转移的经济动因。

在规模经济方面，Wheeler 等将集聚经济定义为基础设施质量、工业化水平和利用外资水平等的函数，并发现集聚经济和市场规模是美国跨国公司向发展中国家进行转移的主要决定因素；[11]迪克从汽车行业的最大效益所需效益规模出发，通过实证研究发现随着规模扩大会带来相应的效益增加，得出规模经济是产业转移的主要动因。

在技术创新方面，威尔斯用小规模技术理论证明发展中国家所拥有的为小市场需求服务而提供的小规模技术，在与发达国家比较中具有相对比较优势，从而为欠发达国家对外产业转移提供理论依据；拉奥在此基础上，建立了技术本地化优势理论，即发展中国家的企业通过对成熟技术或生产工艺的应用和改进，形成自身的特定优势，进而实施产业转移。[12]日本学者关满博提出产业"技术群体结构"概念，建立一个三角形模型，并运用该模型对日本和东亚各国的产业技术结构进行比较，得出日本的产业结构转换和东亚国际劳动分工是未来东亚区域产业转移的重要因素。[13]

在国家政策方面，劳尔·普雷维什认为，发展中国家实施的进口替代战略，通过国内工业化来替代进口工业品，是导致国际产业转移的根本原因，从而突出国家行为对产业转移的重要影响。穆尔等通过研究英国在1960—1981年的产业转移现象，得出：产业承接地出台的投资优惠政策、工资补贴政策以及区域内整体的企业布局政策等，对产业转移起到很大的促进作用；阿什克罗夫特和泰勒建立了产业转移时间系列模型，认为产业转移先在国家范围内发生总体转移，然后根据区位优势进行区域间的重新分配[14]。

在企业方面，以 Simon 和 Schmenner 等为代表的学者从产业转移过程中发挥作用的微观主体——企业行为角度开展研究，他们认为，企业的迁移动力取决于推力和吸力的合力，其中推力既取决于企业内部也取决于企业外部。内因主要与企业扩张有关，即在当前区位限制了企业扩张，或者当前区位的代表性有限时，企业就有了迁移的要求；外因主要包括企业所在地远离市场、现有建筑损坏、政策环境不好、劳动力供给不充足、房屋购买和租用成本过高等，这些因素都会成为企业迁出的推力。吸引企业迁入的因素和吸力则表现在：有足够的空间，接近分销商、供销商和顾客，劳动力供应充足，生产成本

低，房地产价格低，等等。[15-16]

国内学者在产业转移影响因素的研究中，也取得了不少研究成果，主要体现在政府、企业和其他因素方面。

在政府方面，任太增认为制度环境是影响我国地区比较优势的决定性因素，只有中西部地区与东部沿海地区的制度环境差距缩小，梯度转移才能顺利实现。[17]沈晓运用博弈论分析了产业转移参与主体之间的关系，认为产业转移的实现是转出区政府与转入区政府及转移企业与转入区政府之间博弈的结果，产业转入区政府是否提供优惠政策主要取决于承接企业或产业的合理性讨价还价期限、参与者的出价顺序、耐心程度等。[18]蒋满元认为在产业转移与承接的行为主体中，政府处于主导地位并发挥着宏观调控的关键作用，而且为了保护生态环境等，政府还需承担政治、经济、政策、法律、道德、诚信等责任之外的生态和环境责任。[19]

在企业方面，陈建军认为，产业转移的实质是企业经营资源和技术资源的转移，是企业家资源的"溢出"，也是企业开拓新的发展空间、推动企业不断发展和成长的需要。[20]魏后凯也认为产业转移的实质是企业空间扩张过程，也是企业区位重新定位和区位调整的过程，其最根本的目的是企业想提高自身的整体竞争力，但在其迁移过程中要受到决策者自身行为及其行为偏好的影响。[21]

在其他方面，张可云认为区际产业转移的基础主要有两个：一是客观存在经济与技术发展的区域梯度差异；二是产业与技术存在着由高梯度地区向低梯度地区扩散和转移的趋势。[22]冯邦彦等采用面板数据模型对广东省区际产业转移的主要影响因素进行实证分析，得出：广东省各地的路径效应、距离因素、人力资源、资本存量和开放程度是影响产业转移的主要因素，而劳动力成本的影响效果不确定，经济规模对产业转移没有显著的影响。[23]

1.2.1.3 产业转移的类型与模式

（1）产业转移的类型

按照产业转移的特点不同可划分为以下几种不同的类型。

根据转移主体的性质、转移的内在机理的差别，产业转移可划分为市场扩张型与成本节约型两类。前者是指产业在其原区域仍然属于成长型产业，主要出于占领外部市场、扩大产业规模的动机而主动进行的空间移动；后者是指区域内的产业主要由于外部竞争和内部调整压力围绕成本节约目的而进行的战略性迁移。一般认为，成本节约型产业转移是区域间产业竞争优势消长转换而导致的产业区位重新选择的结果，是产业生命周期过程在空间上的表现形式，即产业演变的空间形态。[24]

根据转移的客体差别，产业转移可以划分为劳动密集型、资本密集型、知识密集型。其中劳动密集型产业主要指家具、纺织和服装等制造业，资本密集型产业主要指运输设备制造、石油化工、电力等，知识密集型产业主要是信息技术、航空航天等。

根据转移的空间流动方式，产业转移可以划分为水平转移与垂直转移。其中，水平转移是指产业在经济、技术、要素禀赋等相似的区域间进行转移，主要发生在发达地区间以获得规模经济效益；垂直转移是指在异质区域间的转移，按照互补性分工原则，将产业转向具有比较优势的地区。[25]

根据转移的方向，产业转移可分为顺梯度转移与逆梯度转移，其中，顺梯度产业转移是指由高梯度区域向低梯度区域的产业转移；逆梯度产业转移是由低梯度区域向高梯度区域的产业转移，主要原因是由于产业技术级差的存在，导致高梯度区域的主导产业难以形成。

根据转移的地域范围，产业转移可分为国际产业转移、区际产业转移和城乡产业转移三种类型。其中，国际产业转移是指产业从一国转移到另一国；区际产业转移是指在一国内从一个地区转移到另一个地区；城乡产业转移是指产业从城市中心区转移到周围农村地区，它通常发生在一个地域范围内，是伴随着城市郊区化而产生的。

（2）产业转移的模式

赤松要提出的雁行模式是较为早期的国际产业转移模式，随着新古典经济理论的兴起，小岛清在新古典理论基础上将赤松要的雁行模式改造成"小岛清模式"，等等。国内学者在国外理论研究基础上，结合国内实践提出一些具体产业转移模式。翟松天等根据其提出的五项原则提出我国东西部产业对接的三种模式：一是名牌产品生产扩展型对接模式，这种模式多适合于劳动密集型的消费品工业；二是零部件或初级产品生产基地转移型对接模式，这种模式多适合于资本与技术密集型的产业，如汽车、计算机制造等；三是东部和中西部联合开发中西部优势资源建立特色产业型对接模式，这种模式多适合于资源密集型产业，如冶金和化学工业等。[26]

马海霞认为区域传递的两种主要空间模式是梯度推进和中心辐射，其中梯度推进模式是指产业在空间形态上沿梯度方向进行推进，而且这一推进方向是以技术梯度为核心的区域经济梯度所决定的；中心辐射模式是指产业从经济发展水平相对较高的地区向周边经济发展水平较低的地区传递；而两种模式的结合，又称"多元中心辐射"模式，即通过小范围多中心辐射实现大范围梯度推进的空间模式，是我国当前区域传递空间模式的选择方向。[27]曹荣庆则认为，产业区域转移和结构优化的模式可分为四个层面：第一层面是商品输出型，第二个层面是市场拓展型，第三个层面是资本输出型，第四个层面是人才联合型。[28]陈建军通过实证研究浙江105家规模以上的不同所有制企业的问卷数据，发现企业对外扩张和产业转移的方式主要有六种，即对外投资、建立加工点、设立营销网、设立研究发展机构、转移生产设施和转移总部，但相比于前三种转移方式，选择后三种转移方式的企业产业要较少。[29]朱华友等认为无论是国际产业转移还是国内产业转移，在空间上都表现出显著的集群路径特征，并将这种产业转移的集群路径形式划分为：跨国公司转移带动集群形式、龙头企业的迁移带动形成的集群形式、制造业中生产外包形成的产业集群形式、承接地产业园区建立的带动集群形式。[30]何云等以广东 53 家工业类上市公司为样本，通过数据分析发现，企业的跨地域扩张性转移以建立全资子公司为主，其次是合资合作，而异地的兼并收购则随着资本市场等宏观环境的改善不断增加。[31]

1.2.2 产业承接

1.2.2.1 产业承接的内涵

目前，有关产业承接的研究，大多是将其看作产业转移的一部分，即产业转移包括两个环节：产业转出和产业承接，前者针对的是产业转出方；后者针对的是产业承接方。但现实中，很大一部分是承接什么、如何承接等产业承接问题，因此，有必要将产业承接与产业转出区别开来。

所谓产业承接，是指欠发达国家或地区根据自身的比较优势，有意识、有目的、有针对性地选择和吸纳转移产业，从而实现承接地区产业结构优化和提升的行为总和。一般在产业承接的低层次阶段，主要是借助承接地区丰富的自然资源、廉价的劳动力，形成比较优势；而在产业承接的高层次阶段，承接地区的自然比较优势已不再适应高层次产业承接，需要通过实物投资、人力资本投资来创造比较优势，实现产业承接。

1.2.2.2 产业承接能力

产业承接能力是指一个国家或地区在一定时期和一定技术组织条件下所拥有的吸引、接纳和发展产业的能力，它是一国或地区适合某种产业转入和发展所具有的比较优势和竞争优势的综合体现。这种能力从系统角度来看，是包含吸引力、选择力和发展力等多种力要素的构成体，并且各力要素间相互联系、相互作用，形成一个有机整体；从动态角度来看，这种力的形成是一个长期不断积累的过程，具有时间上的延续性和功能上的继承性，并随着产业结构的优化调整不断升级壮大。

目前国内涉及产业承接能力的研究文献有：郝寿义等认为，产业承接能力是产业吸引力、产业选择力、产业支撑力和产业发展力的综合构成，这四种力是相互联系、相互制约的，只有具有了较强的产业吸引力，才能吸引相关产业转入；在吸引产业后只有具备了较强的产业选择力，才能理性选择转移产业，避免不必要的承接，实现资源合理配置；在选择产业后，只有具备了较强的产业支撑力，才能使转移产业在承接地存活下去；最后，只有具备了产业发展力，才能促进转移产业与本地产业融为一体，形成产业集群，推进地区经济发展，同时也能提高当地的产业转移吸引力。[32]展宝卫等也将产业承接能力看作多种作用力的综合体，这几种作用力是：①集聚转移产业的吸引力；②准确甄别转移产业的选择力；③稳固接纳转移产业的支撑力；④融合提升产业的发展力。[33]张冬梅则将西部地区产业承接能力的影响因素概括为生产要素、需求条件、相关产业和支持性产业的表现、企业特征与竞争行为、政府行为、机遇等。[34]孙雅娜等选取政府平均规模和干预程度、国有化程度、市场规模、开放度、基础设施建设、技术水平、产业结构、平均工资八项指标对我国30个省域的产业承接能力进行了比较研究。[35]

在评价产业转移承接能力方面，杨凡等从产业移出方和产业承接方两个角度，选取了16项指标，通过因子分析法，对中西部20个省份的承接能力进行综合评价，发现产业移出方考察的是承接地的产业吸引力，而承接方更加关注的是产业支持力和产业选择力，而对产业发展力关注较少。[36]马涛等从成本、市场潜力、投资环境、产业配套、技术研发、经济效益六个方面构建了产业承接能力评价指标体系，通过主成分分析法，发现我国各地区承接能力的相对差距与其在国内经济格局中的地位基本一致。[37]何有世等从产业竞争力、人力资源竞争力和资源环境竞争力三个层面，构建了离岸软件外包中城市承接能力评价指标体系，然后借助加权主成分 TOPSIS 价值函数模型进行实证分析，发现离岸软件外包城市的承接能力大小依次为苏州、南京、无锡、常州。[38]惠调艳等从产业吸引力、产业支撑力、产业发展潜力、产业规划和引导力四个方面，构建了软件产业转移承接能力评价指标体系，然后采用因子分析法，得出陕西综合产业转移承接能力较强，仅次于北京、上海和广东；在各因子表现上：产业规模吸引力和产业发展力方面较弱，而在集聚吸引力和良好的区域市场需求、产业支撑力和政府规划引导力方面较强。[39]

1.2.2.3 产业承接模式

产业承接在给承接地带来实惠的同时，也可能带来弊端，尤其是承接模式选择不当，会导致低效益和产能过剩等。目前，在承接模式研究方面，庄晋财等根据产业转移的产业链特征，结合我国西部地区的产业转移现状及转移模式，提出西部地区要将产业链整合作为承接产业转移的前提，要以合作方式的多样化，建立以核心企业为龙头的承接体系。[40]梁云等在对现有的产业承接模式，即东亚模式、珠三角模式、苏州模式进行比较分析的基础上，提出中部地区的四种产业承接模式，具体有低成本型承接模式、资源型承接模式、市场开拓型承接模式、产业链集群型承接模式，同时提出中部地区要积极推广产业承接与自主创新发展的双轮驱动模式，而不是单纯的产业承接。[41]郭元晞等认为，中西部地区的产业承接模式应选择"内生性发展"模式，通过以国内市场需求为导向，做到产业承接中的"有所为""有所不为"，这是实现东中西不同地区间产业转移和产业承接多赢局面的必由之路。[42]徐毅结合江西承接沿海发达地区产业转移为研究对象，提出要以"世界工厂"为目标、以促进产业集群化发展为重点、以服务业为支撑、以跨国公司为核心，才能做到有效承接。[43]但谭介辉认为，经济落后的国家或地区要想实现"赶超战略"，就必须立足地区实际，采用"逆梯度"方式对外直接投资，主动获取最新技术，促使相关产业发展，但究竟是选择相邻级差间逆梯度投资还是跨级差型逆梯度投资，需要根据行业情况来确定。[44]郑胜利以台商在大陆投资为例，阐述了现有的集群式承接模式的不足，即产业链前后关联性差，不利于本地企业参与和交流，技术溢出效应不明显，进驻企业根植性差，"稍有风吹草动"就会"逃跑"等问题，需要通过交流整合，提高集体学习能力和创新能力。[45]

1.2.3 现有研究评述

国内外关于产业转移和产业承接方面的研究为我们开展河北承接航天产业的研究提供了很好的视角，但这些研究仍存在不足，有待进一步完善。

1.2.3.1 产业转移方面

（1）缺乏对某一具体产业的研究

现有的研究基础和研究成果，大多是从国家层面或地区层面研究产业转移，这对于解释跨国、跨地区投资，以及欠发达国家或地区赶超和发达国家或地区产业结构高端化，有一定说服力，但缺乏针对性，缺乏将产业转移理论与某一产业在某一区位转移的实践进行有机结合，从而导致相关研究的欠缺和空泛。

（2）产业转移的影响因素研究不全面

现有研究大多是从产业转移的经济影响因素展开的，如成本、经济环境、集聚效应、市场接近度和规模经济等，而从企业行为、制度体系等非经济因素方面开展的研究并不多，综合影响因素考虑不够，对产业转移的机理研究就更加薄弱。

1.2.3.2 产业承接方面

（1）产业承接地方化不足

目前有关产业承接的作用已得到广泛的认可，但研究的地方化不足，对产业转入地承接什么、如何承接，研究较少，甚至忽略了产业承接研究的最终目的在于指导地方产业的发展。

（2）对承接能力的研究缺乏行业特性

目前不少学者已从不同视角对产业承接能力的内涵、评价指标体系和评价模式等进行了研究，但对于某一具体产业的承接能力研究较少。另外，现有研究在设计地区产业承接能力评价指标体系时，不够全面，无法全面衡量一个地区的综合承接能力。

基于此，本书将以河北省承接航天产业转移为研究对象，对航天产业转移机理进行具体分析，对河北省承接航天产业的能力开展综合评价研究，然后在此基础上设计河北省承接航天产业的战略定位和承接模式，并提出具体政策建议，进而为提高河北省承接航天产业的转移能力、完善河北省承接航天产业的转移过程、优化河北省产业结构等提供有益借鉴。

1.3 研究内容、研究方法与主要创新点

1.3.1 研究内容

（1）开展文献综述，明确本书研究思路。首先，本书以航天产业为研究对象，围绕地区如何有效承接和发展航天产业等问题，对已有研究成果进行归纳总结；其次，以上述问题的解决为目标，拟定研究思路和研究方法，明确研究重点。

（2）分析航天产业发展情况，理解航天产业的内涵、发展历程和

具体内容。首先，对航天技术的概念进行界定，并在对航天技术的特点和其应用的广泛性、带动性和示范性进行系统描述的基础上，明确了航天产业的概念、类型以及具体特点；其次，在此基础上，对我国航天产业的发展历程及其演进情况进行详细阐述；最后，围绕航天产业的内部构成，重点结合中国航天科技集团和中国航天科工集团的产业内容进行分析介绍。

（3）借鉴人口"推拉理论"分析框架，研究航天产业转移机制。首先，结合人口迁移的推拉理论分析框架、企业迁移的推力因素和拉力因素，提出产业转移的推拉模型以及航天产业转移的四种作用力要素；其次，系统阐述航天产业转移的推力、拉力、阻力和排斥力等各要素情况并以北京为转出地、河北为承接地进行具体说明；最后，结合京津冀协同发展战略机遇，对航天产业转移发展趋势进行分析论证。

（4）评价承接能力，分析河北省承接航天产业的基础现状。首先，在界定航天产业承接能力内涵及其构成的基础上，结合其构成指标体系特点，设计了主观赋权法、客观赋权法有机结合的组合赋权综合评价模型；其次通过数据的收集和处理，主客观权重的计算，获得河北各地区承接航天产业能力评价得分和排名情况，从而为后续战略制定和政策建议的提出提供依据。

（5）调查研究，明确河北省承接航天产业的战略定位。首先，结合航天产业转移情况总结、河北各地区的承接情况分析以及发展规划介绍，依据产业空间发展布局的"核心—边缘"构思，对河北地区承接航天产业的区域定位进行具体说明；其次，结合河北现有承接航天产业的基础和发展趋势，提出河北地区承接航天产业的区域定位；最后，根据航天产业转移演进过程中变动差异及其转型类型，提出河北承接航天产业转移的三种模式。

（6）综合上述研究，提出河北省承接航天产业转移的政策建议。第一，硬环境建设。涉及城镇功能定位、基础设施完善、航天产业集

群培育、航天特色园区建设、科技人才集聚和内育等方面；第二，软
环境建设。涉及优惠政策制定、知识产权保护、科技创新投融资环境
建设和地区自主创新能力水平提高等方面；第三，竞争性环境建设。
涉及与行业协会的合作、加大航天产品的政府采购、京津冀三地航天
产业园区合作共赢、省部合作和政府服务能力加强等方面。

1.3.2 研究方法

（1）文献研究与调查研究相结合的方法

文献研究是本书研究的一种重要方法，在研究过程中，查阅了有
关产业转移和承接等方面的相关文献，从而得出本书写作的理论框
架。在文献研究的同时，紧密结合航天产业及河北实际，开展调查研
究，并获得相关数据资料。

（2）理论研究与实证研究相结合的方法

理论研究是本研究开展的基础，主要是借助人口迁移的推拉理论
分析框架，结合企业迁移的推拉力因素分析，提出航天产业转移的推
拉模型；实证研究主要是突出对研究对象的客观描述与个性特征的刻
画，本研究以航天产业转移与河北承接为目标，系统分析航天产业向
河北转移各推拉因素，以及后续河北承接航天产业的具体定位。

（3）定性分析与定量分析相结合的方法

为了探索航天产业转移和承接的一般规律和内在机理，需要采用
定性分析的方法，然后在此基础上通过模型设计、统计分析进行定量
研究，达到对研究对象客观全面的认识。以河北承接航天产业转移的
能力评价研究为例，通过对承接能力内涵的界定，确定承接能力评价
指标体系，进一步通过基于组合赋权的综合评价模型设计，实现对河
北各地区承接航天产业转移能力的综合评价和分析。

1.3.3 主要创新点

（1）通过文献研究和调研，明确航天产业转移的影响因素，并借鉴人口"推拉理论"分析框架，构建航天产业转移的推拉模型，既解决了当前航天产业转移理论不足的问题，也为地方决策者更好地认识和理解航天产业转移活动奠定基础。

（2）结合航天产业转移特点以及承接能力的内涵，构建航天产业转移承接能力评价指标体系，并利用基于组合赋权的综合评价模型设计，开展科学评价，既丰富了有关产业承接方面的研究内容，也为河北省有效承接和发展航天产业，提供了前提。

（3）通过前述研究的逐层推进，在对河北省各地区承接航天产业的基础以及发展规划进行分析基础上，提出河北省承接航天产业的区域定位、产业类别定位和承接模式定位等，并据此提出具体政策建议，从而为相关决策者制定政策提供有益借鉴。

第2章 我国航天产业发展状况

自苏联第一颗人造地球卫星上天以来，世界上发达国家和一些发展中国家都将大力发展航天产业作为国家现代化建设的重要手段，并取得了一系列举世瞩目的成就，形成了航天产业链。这些产业链条所集成的宇航技术、遥感技术、信息化技术、新能源、新材料等现代尖端技术，不仅是衡量一个国家经济、科技和国防发展水平的重要标志，也是推进经济发展和社会进步的重要力量。我国近些年一直将发展航天产业作为推进经济发展、科技进步和国防进步的重要举措，并通过军民融合战略，催生了中国"航天经济"时代的来临。

2.1 航天技术与航天产业

2.1.1 航天技术的概念、特点与应用性

2.1.1.1 航天技术概念界定

关于航天技术的定义和内涵，航天研究学者和航天领域的科学家，结合自身理解，形成了多种角度、多种划分标准的定义。

原国防科学技术工业委员会（现国防科技工业局）在《国防科技工业"十五"计划纲要》中将航天技术界定为：一项综合性工程技术，它包括空间技术、空间应用、空间科学三大领域，其中，空间技术，是指航天器、航天运载器（如运载火箭、卫星、载人飞船）的设计、制造、试验、发射、运行控制、管理的综合性工程技术；空间应

用，是指空间技术及其开发的空间资源在国民经济建设、国家安全、科技发展和社会进步等方面的应用；空间科学，是指利用空间技术和空间资源探索宇宙空间自然现象并研究其发展变化规律的综合性科学研究。王常先也强调，航天技术并不是单一技术专业的特称，它是综合数以百计的各类科学技术，为航天器进入并运行于太空与为人类及社会服务为目标，而有机结合为一体的总称。[46]

栾恩杰认为航天技术是人类开展空间活动，探索开发和利用外层空间的综合性工程技术，是当今世界高科技群体中最具影响力的科学技术之一，它使人类活动范围从地面扩展到太空，从根本上改变了人们的思维方式、生产方式和生活方式。[47]张晓强则认为航天技术是以探索、开发和利用宇宙空间为目的，宇航技术、遥感技术、信息化技术、新材料技术等知识高度集成与综合，关系国家安全并对经济发展和社会进步具有广泛带动作用的战略高技术。[48]

由此可见，上述定义不论是从哪个角度出发，都强调航天技术的复杂性、创新性、探索性，以及对经济建设和社会发展的重要意义。因此，从本质来看，航天技术的学科领域内涵是，建立在综合科学和大规模研究基础上的，以创新性、探索性和系统性等为特征的，处于当代科学技术领域前沿的知识密集性技术；航天技术的价值内涵是，在推进经济发展、提高综合国力、促进社会文明和保障国家安全等方面起到引领、示范和先导作用的高新技术。

2.1.1.2 航天技术的特征

结合上述航天技术的本质表述，可将航天技术的特征概括为以下几点。

（1）技术规模大、复杂程度高

航天技术是典型的知识密集型高科技，集众多学科与新成就于一体。它涉及空气动力学、气动热力学、结构力学、气动弹性力学、电子学、光学、冶金学、工艺学、天文学、气象学、生理学、自动控制、仿真技术、测试技术和计算技术等，同时还离不开冶金、化工、燃料、机械、电子、纺织、建材等行业技术。以发射一颗返回式遥感卫星为例，在运载工具上，需要研制具有更大推力和精确制导的大型火箭，以保证把卫星准确送入预定轨道；在卫星设计上，需要研制技术要求很高的空间遥感仪器以完成对地面的观测任务，需要解决一系列复杂的技术问题以保证卫星在运行中能够保持高精度的姿态并按预定程序准确工作；在卫星回收上，要有制动反推火箭发动机使卫星有脱离原运行轨道的动力，要研制耐高温材料以解决回收舱再入大气层的放热问题。此外，与发射测量和回收有关的地面设备所涉及的技术也是规模庞大而复杂。[49]

（2）系统性强、协作面广

从空间技术系统工程看，航天技术的系统性体现在：它包括航天运载器、航天器、航天发射与回收场、航天测量与控制、地面应用五大系统。前面四大系统是航天器上天和正常运行的保障，地面应用则是关键，它涉及的部门、地区也更多更广泛，而且不同类型的应用卫星，需要不同类型的地面应用系统。[50] 由此可见，航天技术的开发和航天产品的生产需要以航天部门为主的各个部门及各方面的大协作，这些协作已达到国家规模，如中国长征二号火箭，涉及 27 个部委、25 个省市自治区、1300 多个工业企业；有的甚至超越了国界，开展国际合作，如阿尔法国际空间站就是跨国大协作的典范，它由美国、俄罗斯等 16 个国家联合研制、建设和使用。

（3）高质量、高可靠性

质量和可靠性是航天技术的根本和生命。1986 年 1 月，美国航天飞机"挑战者"号从肯尼迪航天中心发射 72 秒后，在 1.5 万米的高空突然爆炸，7 名机组人员全部遇难，给美国载人航天计划造成严重挫折，使美国载人航天计划停止了两年多。其事故发生原因仅仅是航天飞机右侧固体火箭推进器的两个低层部件之间一个 O 型封环失效所致。可见，对于航天技术来说，高质量和高可靠性是至关重要的，这也是为什么各国在航天技术研发和生产中都有一套严格的质量管理和质量保证体系，确保航天相关产品的高质量和高可靠性。

（4）探索性强、研制周期长

航天技术的研究对象是宇宙，而宇宙在时间和空间上是无限的，这就决定了航天技术的研究和探索具有永恒性和无限性。另外，由于宇宙空间的特殊环境条件，为人类认识和改造自然提供了新的可能；与此同时，这种未知的、新的研究对象，也为技术发展以及解决资源、环境、人口等问题开辟了广阔的前景。正是技术探索性，加之技术的复杂性和系统性强等，使得航天新技术新产品的研制和生产的周期较长。如中国第一个大型运载火箭长征二号从方案设计到正式执行发射卫星任务历时 8 年多，再如苏联一架航天飞机的研制成功花了 10 年时间。

2.1.1.3 航天技术的应用效应

上述技术特征，使得航天技术几乎荟萃了当代最新科技成果，并通过不断探索、不断发展，引导新科学、新技术、新产业的产生和发展，从而成为国民经济社会发展中一个起特殊作用的"带头兵"和"先导兵"。

（1）航天技术与科技进步

航天科技的兴起和发展，使人类扩大了活动范围，通过直接进入空间或借助各种空间探测器获取资料、信息，从而推进和产生了许多新的学科和技术。如空间物理学已发展成为一个包含磁层物理学、电离层物理学、高层大气物理学、太阳辐射物理学、宇宙射线物理学、月球与行星际空间物理学的庞大科学群体；再如空间医学和生命科学、航天海洋学、航天测绘学、对流层臭氧化学、云雾化学等的产生和发展。这些学科的发展和技术水平的提高，不仅使人们的科学技术认知水平显著提高，而且提高了科学技术的实践能力，如利用宇宙空间的独特条件进行全新的科学技术实验、对科学技术的对象结构改变和科学体系与结构的更新等，从而为人类开发和利用宇宙的实践活动提供了重要保障。

（2）航天技术与传统产业

航天技术在推进高技术产业群发展壮大的同时，与传统产业群之间也存在着互相渗透、相互促进、共同发展的紧密关系。一方面，航天技术所涉及的领域众多，不仅涉及电子信息、高端装备制造、新能源、新材料等高新技术产业，还涉及冶金、化工、燃料、机械、电子、纺织、建材等传统产业，这些传统产业在为航天技术与产品发展提供支持的同时，一些航天技术和工艺成果，也通过二次开发、移植和推广应用，以先进技术装备等的提供和技术改造的参与，推进传统产业的工艺水平提高、技术进步和新产品的开发，另一方面，航天技术在发展过程中，结合自身需要，积极引导资源要素从传统产业转移到高新技术产业，或直接刺激一些与航天科技相关的传统产业向高新技术产业转移，从而促进相关产业结构调整。[51]

（3）航天技术与社会进步

工业文明在给人们带来分工精细化、生产规模化、劳动方式最优化和机械自动化等的同时，也产生了一系列严重威胁人类社会生存的"全球性问题"，如能源枯竭、水土流失、大气污染、河流污染和土壤污染等。要解决这些问题，除了开展生态保护、建立一种可持续的发展模式，还需要寻找新的技术解决途径。但所有这些问题的解决，都需要建立在对全球状况监测的基础上，而航天技术为人们全面、及时和准确地监测提供了技术上的可行性，如航天遥感技术在农业、林业、水利、国土资源、城市规划、环境治理、灾害监测等领域的应用，为相关部门的规划、决策和行政执法等提供真实有效的依据。另外，航天技术还提高了人们的生活质量，改变了人们的生活方式，如电视转播、卫星电视教育、移动通信、远距医疗等，使世界各国间距离变小了，使全世界数十亿人可以同时欣赏奥运会和世界杯足球赛的精彩竞技等。

（4）航天技术与经济发展

航天技术的经济贡献分为直接经济效益和间接经济效益。直接经济效益是指由航天技术直接引发的对企业、部门和国家的贡献，而且能用货币表示的价值。例如，育种专家发现，经过空间育种的水稻，穗大粒大，比一般种子增产20%左右，经过空间育种的青椒，种植后单果平均重量从90克提高到160克，亩产提高了25%～30%；[52]但大多航天技术要通过某种转化过程，在时间上有滞后，其贡献也能用货币计算价值，也就是间接经济效益。例如，世界上第一台电子计算机是适应导弹研制需要而诞生的，世界上第一台巨型亿次计算机埃尼阿克－5也是为美国航宇局研制的。再如，随着航天技术的发展，在航天技术的牵引下，一大批诸如新型复合材料等的新材料推广应用到各个领域。

2.1.2 航天产业的概念、分类与特点

2.1.2.1 航天产业的概念

美国国际航天商业委员会与美国航天出版公司合作出版的《1999年航天高技术产业现状》研究报告认为，广义的航天产业范畴包括航天基础设施、航天应用和航天支援保障三大方面；涵盖了军、民、商用卫星，载人飞船，空间站，航天飞机和各种科学研究、实验及探测卫星的天基和地基部分。这里所说的航天基础设施是指以国家投资为主的、军用和民用的天基和地基系统，以及运载工具和相关的研究开发活动。航天应用是指卫星通信、卫星遥感、地理信息系统（GIS）、卫星导航和天基对天对地观测平台的数据利用、天基基础设施的开发

利用，包括微重力、旅游、航天育种和机器人行星探测等。航天支援保障是指政策法规、许可制度、金融、出版、保险和咨询等服务。[53]闵贵荣等也从广义的角度理解航天产业，他认为航天产业包括基础设施、航天运载工具、航天器、航天应用和航天支援保障等方面，涵盖了政府部门、军事部门、产业部门、商业部门和私营风险投资家所从事的一切与航天有关的活动。[54]

《国防科技名词大典》中则将航天产业定义为，利用火箭发动机推进的跨大气层和在太空飞行的飞行器及其所载设备、武器系统和各种地面设备的制造业、各种飞行器的发射服务业和应用产业；它是集设计、生产、测试与应用于一体的高技术产业，通常包括生产企业、研究设计机构、试验基地、销售公司、管理部门和服务机构。[55]王俊峰认为航天产业是以航天技术成果为主要技术含量和主要资源投入，生产高技术、高附加值的人造地球卫星、运载火箭以及发射、测控、地面应用设备等产品的产业。[56]

由上述航天技术的概念与特点可知，上述定义大多是从航天产业自身来描述，没有体现出航天技术本身的系统性、先导性和带动性，以及当前航天产业发展状态，即航天产品的研发和生产越来越需要众多行业的共同协作，其内容外延的趋势愈加明显。为此，在界定航天产业概念时，需要从系统论角度考察整个航天产业。本书参考赵兵的"大航天产业"构想[57]来界定航天产业的概念。所谓的航天产业，是指以空间科学、空间技术和空间应用三大领域共同发展的新兴产业为核心和产业增长极，包括航天器制造、航天发射服务和航天地面设备制造等，以及在编制和性质上虽不隶属航天产业，但与之联系密切的产业，如生物、能源、材料、信息等，所共同构成的一个统一整体；它是集设计、生产、测试与应用于一体的高技术产业，具有知识与技术密集、附加产值高的特点，在推动科学技术进步、渗透和改造传统产业、引导新产业部门发展及提高经济社会效益等方面发挥着重要作用。

2.1.2.2 航天产业分类

结合前面对航天产业的理解，按照不同的标准，可将航天产业分为以下几种类型：

（1）根据航天技术类型，航天产业可分为空间科学研究产业、空间技术产业和空间应用产业。[58]其中，空间科学研究产业，是指利用航天器探索宇宙现象，研究宇宙空间内的物理、化学、生命等自然现象和其规律的科学研究产业；空间技术产业，是指探索、开发外太空的综合工程技术，主要涉及航天器以及运载火箭、卫星等航天运载器的研制、试验和运行控制等相关产业；空间应用产业，是指空间科学和空间技术在经济社会发展和国防建设等方面应用的产业。

（2）根据航天活动的用途和经营方式，航天产业可分为民用航天、军用航天和商用航天。[59]其中，民用航天是由国家开展的航天活动，不以盈利为目的，主要是对地观测、空间探索和载人航天等，以提高国家的科学、技术和经济发展水平及国家荣誉；军用航天是由政府投资、按照军方提出的目标和要求，并由政府或军方运作管理的，为提高包括作战指挥、控制与通信、监测与侦察、国家威慑与防御等水平和能力的航天活动；商用航天是指在市场驱动下，以盈利为目的，所开展的独立的、非政府的航天活动，这种活动一般要受国家安全和相关法律约束，但对经济社会发展的促进作用很大。

（3）根据航天产品和服务的类型，航天产业可以分为航天器及航天器件产业、航天发射服务产业、航天系统地面设备制造产业、航天器使用者服务产业和航天保险产业。其中，航天器及航天器件产业包括航天器本身及其各个部件、组件、专利、工艺技术与制造和生产航天器有关的其他科技产品及购买航天器要经过的各个中介机构和服务部门；这一产业还可按商业上的用途细分为通信、电视转播、导航、数据传送、地形测绘保障以及供科学和应用研究的设备等。航天发射服务产业包括运载火箭及其仪器设备、发射服务、保障航天器进入预定轨道的服务项目、有关专利、工艺技术、与制造和生产运载火箭有关的其他科技产品、购买运载火箭要经过的各个中介机构和工程技术服务部门等。航天系统地面设备制造产业包括设计和制造地面设备、地面设备的租赁和转租及为地面设备提供的财政金融业务服务项目，同时还包括卫星发射接收设备、数据传送设备、图像处理设备、测绘设备、气象地面设备及供科学和应用试验研究的设备等制造部门。航天器使用者服务产业包括购买或租赁属于别国或国际组织的地球同步轨道卫星、通信和电视传送保障、租赁或分租通信信道、制造及解读和处理地球图像、导航和地形测绘保障及空间科学研究等部门。航天保险产业包括与航天活动相关的各种保险活动，比如投保人支付的保险金、出现保险事故时保险公司支付的保险赔偿费等。

另外，对于航天产业概念中所涉及的航天生物业、航天材料业、航天能源业、航天信息业等，由于它们是某一类航天技术的转化和推广应用，在技术开发上源于航天，在技术应用上，属于现有相关产业，对于其内容和分类，我们这里不再进一步详述。

2.1.2.3 航天产业的特点

作为高技术产业之一的航天产业，包含了现代科学技术和基础产业最新成果，与一般产业相比，存在一些显著的特点：

（1）高度的战略性

航天产业的实力是一国综合实力的重要标志，它所取得的军事效益、政治效益、经济效益是巨大的和深远的，是任何一个产业部门所无法比拟的，而由它向其他学科和产业部门演化、衍生、改造、移植再产生的经济效益和社会效益则更为广泛和庞大。一方面，它是体现国家意志、关系国家安危、展现国家形象，以及作为大国之间博弈的战略工具的超级产业；另一方面，它通过不断吸纳、集成和开发最新科技成果，以及科技成果的推广和应用，渗透到国民经济与社会的各个领域，并产生二次经济效益，成为推动和带动国家快速发展的先导和主导产业。

（2）高度的带动性

航天产业的先导性和高度综合性等特点，一方面，通过技术的移植，带动了传统产业的升级改造和技术进步；另一方面，通过新技术的推广应用，带动了诸如高能燃料、新型材料、遥感、通信和微电子等新兴产业的形成和发展。近些年，诸如软件业、集成电路、移动通信、高端装备制造、新能源、新材料等新兴产业的快速发展都与航天产业存有密切联系，传统的冶金、纺织等产业的改造和升级，也与航天产业存有密切联系。可以说，航天产业是名副其实的经济发展助推器。

（3）高投入、高风险与高效益并存

一是高投入。航天产业是技术密集和资本密集型的产业，在其技术研究开发和创新过程中需要投入大量的资金和科技人员，如研制一颗卫星，需要投入10亿美元，而发射一颗卫星为1万~2万美元/千克，购买一颗在轨卫星的费用为1亿~3亿美元。[57] 二是高风险。不论是运载火箭（或航天飞机）还是卫星，一旦出现故障，就会造成极其昂贵的代价；而且航天高技术产品和服务的时效性强，更新换代快，如果市场定位不准，也极易造成失败。三是高效益。如美国的"阿波罗登月"计划，虽然耗资高达240亿美元，但产生了3000多项专利，带动了美国计算机技术、测控技术、通信技术、材料技术、激光技术和医疗技术等高新技术的全面发展，并衍生出数千亿美元的市场效益。

2.2 我国航天产业的发展历程

根据我国航天产业发展的历程，可将其划分为以下几个阶段。

2.2.1 准备阶段（20 世纪 50 年代中期—70 年代中期）

这一时期是中国航天事业的起步阶段，集中有限资源、凝聚全国力量，全力支持航天事业发展，以国家能力弥补航天发展能力的不足，尽管困难重重，经过国家的统筹协调、科研机构的努力及全国各行业各部门的支持和配合，取得了一些成就：如 1960 年 11 月，仿制的苏联 P–1 近程火箭发射成功；1964 年 6 月，自行研制的中近程火箭发射成功；1966 年 10 月，第一次导弹携带核弹头的"两弹结合"发射成功，同年 12 月，中程火箭发射成功；1970 年 4 月，第一颗人造地球卫星"东方红一号"发射成功；1971 年，以"长征一号"火箭为运载工具，第二颗人造卫星"实践一号"发射成功，同年，远程火箭发射成功；1975 年 11 月，第一颗返回式卫星成功发射与回收。至此，揭开了我国航天活动的序幕，为航天产业发展奠定了科研生产基础，基本形成了导弹及运载火箭科研、设计、试制、生产的配套体系。

虽然这一阶段的军事应用突出，但高层领导也意识到了军民结合的重要性，如 1956 年，毛主席在最高国务会议上的讲话中提到："军工在生产上要注意军民两用，注意学会军用和民用的两套生产技术，要有两套设备，平时为民用生产，一旦有事，就可以把民用生产转为军用生产"；同年 4 月 21 日，毛主席在听取第二个五年计划汇报时又指出，"要学习两套本事：在军事工业中练习民用产品生产的本事、在民用工业中练习军事产品生产的本事的办法是好的，必须如此做。"1960 年，中央军委提出了"军民结合、平战结合、以军为主"的方针，要求在安排好军用产品生产，在确保军用产品任务的基础上，利用余力积极合理地安排其他任务；[60]但由于当时所面临的安全环境恶化，对战争威胁估计过高，再加上国内资源紧张而且航天等军工企业是以行政隶属关系界定的，资源采取自上而下的方式配置，经济主体横向联系弱，使得军民结合方针未能得到有效的贯彻，民品发展缓慢，品种、产量都非常有限。

2.2.2 起步发展阶段（20世纪70年代中期—80年代末）

这一时期，是航天产业的起步发展阶段，航天技术达到了新的水平，航天活动开始增加，如1981年9月，以"一箭多星"的方式，用一枚运载火箭成功发射三颗卫星；1982年10月，潜艇水下发射固体运载火箭成功；1984年4月，我国第一颗地球静止轨道试验通信卫星发射成功；1988年9月和1990年9月，先后成功发射了两颗太阳同步轨道气象卫星。与此同时，随着国际环境改善、国内经济体制改革的开展，使得航天科研生产单位的军品任务减少，经费不足，导致许多科研院所都处于"吃不饱"的状态。

为了解决航天等军工企业生存问题，国家在推进军转民上实施了一系列举措，如十一届三中全会后，党和国家的工作重点转移到经济建设上，邓小平同志对国防科技工业又提出了"军民结合、平战结合、军品优先、以民养军"的十六字方针；进入到20世纪80年代，为了进一步推进军民结合，国务院实施了"军转民专项计划"，集中安排了三批军转民项目；实施了三线调整搬迁，凡是搬迁的企业均安排了民品；制定了一系列优惠政策，鼓励军工企业主动开发民品，推动民品的发展；召开了全国军转民工作会议，总结推广了发展民品的一些经验等。[61]此后，航天军工企业，开始主动面向市场，并在积极开发生产民品的同时，大力推进军工技术向民用的转移，取得了"短平快"的效果。一些航天技术部门利用自身技术优势发展民品，形成了一批具有优势的产品，包括工控、数控、机器人、家电等；越来越多的科技人员开始接受非军品方面的研发任务，发挥科研院所的技术优势来为企业进行民用产品的开发，通过人员技术支持而不是纯粹的技术转让或技术转换的方式进行军转民。

但由于当时我国正处在经济快速恢复期，商品市场以卖方为主，不少航天技术应用产品，只要市场有需求、自己又能干，就会投入进去，从绞肉机、落地灯、电风扇、吊扇到洗衣机、电冰箱等，都陆续进入市场，虽然极大解决了科研生产力量过剩和生产设备闲置的问题，但这种"短平快"的效果，很难经受住市场长期考验，航天产业的"无序"状态，在这一这段时期较为显著。

2.2.3 调整阶段（20 世纪 80 年代末—21 世纪初）

这一时期，是航天产业的深化调整阶段，我国的航天器型号也进入更新换代的发展阶段，开始走出国门，进入国际商业卫星发射服务市场，而且在通信、气象卫星的现代化建设上也迈上了一个新台阶，特别是在载人航天技术上，取得突破性进展，如 1999 年 11 月，成功发射"神州一号"试验飞船。但与此同时，正面临着由于早期的航天技术产业化所产生的民品多为技术含量低、"短平快"的产品，在市场竞争中被迅速淘汰出局的局面。

为此，国家又出台一系列举措，如 1990 年国务院、中央军委转批的《关于进一步推进军民结合工作的请示》，提出要将民品开发在纳入国家计划的同时还要积极开发有市场竞争力的产品，同时还鼓励利用军工技术和人才优势，开发高新技术产品；1998 年，国务院决定成立新的国防科学技术工业委员会，集中了原国防科工委管理国防工业的职能、国家计委国防司的职能、各军工总公司承担的政府职能以及国家航天局和国家原子能机构等的职能，并赋予推进军工行业大型企业集团的组建、加速科研生产能力的调整，以及加强军民结合和参与市场竞争等任务；随后，中国航天工业总公司改组为中国航天科技集团公司和中国航天机电集团公司（现为中国航天科工集团公司），为高新技术产业加速发展和军民两用技术的转化应用，奠定了组织基础；1999 年 8 月，在《中共中央、国务院关于加强技术创新，发展高科技，实现产业化的决定》中，明确指出"要大力发展军民两用技术，加快军用技术向民用领域的转移及其相关产业的发展，注意发挥高新技术在科技强军中的重要作用，军民团结协作，为国家安全提供科技支持。"世纪之交，江泽民同志又提出了"军民结合、寓军于民、大力协同、自主创新"的新十六字方针，要求国防科技工业要打破军民分割、自成体系的格局，把国防科研生产根植于国家科技与经济发展之中，充分利用军民两种资源为国防建设和经济发展服务。

这些政策的颁布和组织结构的调整，不仅规范了航天军民结合工作，形成了发展民品支柱产品、优势产品、拳头产品，走规模经济发展道路的思路，并初步确定了以市场需求为牵引，以科技和科技进步为推动，以产品为龙头，以队伍建设和技术改造为保证的航天产业发展道路。一些具有较高技术水平的机电一体化产品、计算机及其应用类产品、特殊阀、管路密封类产品、系统总成类产品等，开始面世和应用，成为新的经济增长点，同时还形成了以电视、冰箱、彩电、摩托车为代表的"四大件"。但到了 20 世纪 90 年代中后期，由于国内外市场竞争越来越激烈，早期开发的家电类产品逐渐被市场淘汰，计算机应用类产品也仅是在维系生计，一时还形不成规模效益；汽车及其零配件发展不平衡，整车厂大体上是处境险恶；很多民品企业亏损严重。航天系统开始提出发展卫星应用、计算机及其应用、汽车及汽车零部件三大支柱民品的发展战略，并采取了一系列的举措，包括组织结构调整、队伍组建、市场开发等。

2.2.4 快速发展阶段（21 世纪初—至今）

该阶段是我国航天产业快速发展阶段。在航天运载器技术方面，长征系列运载火箭从 2001 年至今（2014 年 10 月 24 日），已成功发射 135 次，成功率高达 97.7%，进入世界一流运载火箭行列；[62]在航天器技术方面，应用卫星实现系列化、平台化发展，可靠性和使用寿命明显提高；在载人航天器技术方面，从 2003 年开始一直到 2013 年，先后成功完成"神舟五号"到"神州十号"的系列飞行任务，成为世界上第三个独立自主进行载人航天飞行的国家；在月球探测器技术方面，首次月球探测工程取得圆满成功，中国进入世界具有深空探测能力的国家行列；在载人交会对接技术上，"神舟九号"与"天宫一号"目标飞行器的对接成功，标志着我国太空飞行进入了新的时代，等等。

在相应的政策措施上，2003 年，党的十六届三中全会通过的《中共中央关于完善社会主义市场经济体制若干问题的决定》指出"建立军民结合、寓军于民的创新机制，实现国防科技和民用客机相互促进和协调发展"。2005 年，胡锦涛同志在十届全国人大三次会议中指出"要依托国家经济社会发展，把国防建设融入到现代化建设全局之中，统筹国防资源与经济资源，注重国防经济和社会经济、军用技术和民用技术、军队人才和地方人才的兼容发展，进一步形成国防建设和经济建设相互促进、协调发展的良好局面"。从而将"军民结合"进一步推进到"军民融合"。同年，《国务院关于鼓励支持和引导个体私营等非公有制经济发展的若干意见》正式颁布，指出"允许非公有资本进入国防科技工业建设领域；坚持军民结合、寓军于民的方针，发挥市场机制的作用，允许非公有制企业按有关规定参与军工科研生产任务的竞争以及军工企业的改组改制；鼓励非公有制企业参与军民两用高技术开发及其产业化。"2010 年，国家颁布了《国务院关于中西部地区承接产业转移的指导意见》，指出"发挥国家级经济技术开发区、高新技术产业开发区的示范带动作用，承接发展电子信息、生物、航空航天、新材料、新能源等战略性新兴产业。"2014 年

10 月，国家发展改革委、工信部等部委又正式发布了《关于重点产业布局调整和产业转移的指导意见》，成为当前和今后一个时期指导产业布局调整和产业转移的纲领性文件。此外，国防科工委也相继出台了一系列政策措施，如《关于大力推进国防科技工业民用产业发展的指导意见》《关于非公有制经济参与国防科技工业建设的指导意见》《关于国防科技工业投资体制改革的若干意见》《关于推进军工企业股份制改造的指导意见》等，对促进体制、机制创新，推动寓军于民新体制的建立等，具有重要的战略现实意义。

这些政策的推进，使航天产业获得快速发展，产生了许多高技术产品，覆盖通信、电子、交通、能源等领域，并在民用航天与卫星应用、信息技术、节能环保、新材料等方面形成了独具特色的产品；而且通过新技术、新产品、新材料、新工艺以及新的管理方法的推广和转移，带来了十分可观的间接效益。目前，航天两大集团围绕上述领域和产品等，依托航天的技术、人才和制造等优势，推进技术转化、产业链延伸和产业发展，并形成了若干具有国内外竞争力的大型企业和公司。截至 2013 年，中国航天产业上市公司数量达到 28 家，它们在推进军民融合、打造现代航天产业链条和产业集群上，起到关键作用。

总之，随着一系列促进航天事业发展的重大工程和项目的实施，我国航天技术不断取得新飞跃，相应的航天技术成果在高新技术和战略性新兴产业的推广应用，以及军民结合产业、军民结合产业基地和产业化项目建设也正在快速发展，一个由航天产业向国民经济主战场转移、嫁接的格局正在逐渐形成。

2.3 我国航天产业具体内容

与其他传统产业相比，航天产业的技术基础要求高，分工和专业化的程度高。按照上述航天产业分类，结合其内部体系结构，可将其看作集设计、生产、测试与应用于一体的高技术产业。其具体内容及关系见图 2 - 1。

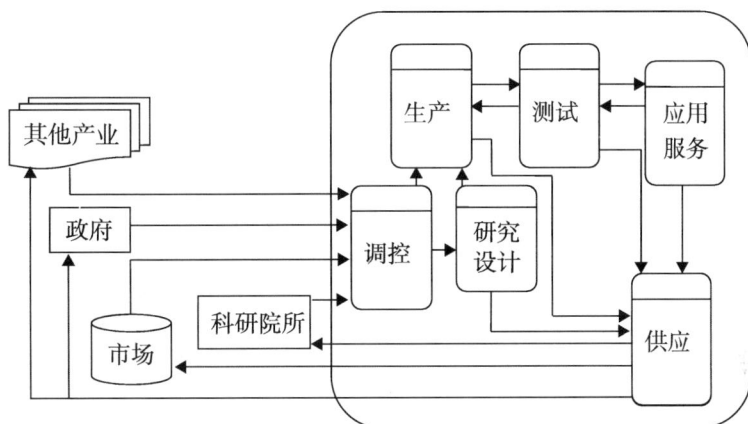

图 2 - 1　航天产业的内部构成情况

在上图中，调控方面主要是由设计、生产、测试和应用服务等方面的专家、企业高层管理层和政府监管人员组成，是整个航天产业的最主要接入部分，也是外部的政府、市场、科研机构以及其他产业向航天产业输入的接口和纽带，以保证航天产业的正常运行；研究设计方面，直接对生产和供应负责，一般由政府、军方或企业自身通过系列型号等工作来开展的系统科研与设计，这里称之为"设计"，而对于部件、材料等的研究设计，用"研究"来表示，以作区分，它们共同决定着具体生产和相关零部件的供应；生产方面，涉及卫星、运载火箭等方面的生产制造，具体可进一步细化为军用、民用和商用三类；测试方面，主要对产品功能开展包括压力测试、振动和加速度测试、温度测试、转向测试、飞行速度测量、姿态测量，以及各类电子元器件等的可靠性检测等；应用服务方面，是航天战略技术成果在各领域的应用，如卫星应用、信息技术、新材料与新能源、高端装备制造和空间生物等；供应方面，主要是军用、民用、商用产品的输出，进入各类市场。与航天产业内部构成密切相关的还包括：政府、科研院所、市场和其他产业，政府主要向航天产业提供资金、政策，以及监管航天两大集团，并协调科研部门和其他产业共同支持航天产业发展；科研院所，主要是为航天产业调控方面提供技术和智力支持；其他产业主要是向航天产业提供各方面的物质支持和服务保障等，如工程建造、特种钢铁等。总之，通过调控这一枢纽作用于航天产业的运行，围绕"设计—生产—测试—应用"这一航天产业内部主线，借助供应输出，作用于产业外部客体，实现航天产业辐射力度的扩大等。

为了进一步明确航天产业内容，下面对我国航天产业的主要两家航天企业，即中国航天科技集团、中国航天科工集团的具体业务进行系统介绍。

2.3.1 中国航天科技集团

中国航天科技集团是中央直接管理的国有特大型高科技企业，目前辖有8个大型科研生产联合体（研究院）、13家专业公司、9家上市公司和若干直属单位，10余个国防科技重点试验室、1个国家工程实验室、5个国家级工程研究中心，拥有中国科学院、中国工程院院士30余名，国家级专家100余名，享受政府特殊津贴专家2300余名，共获得51项国家科技进步奖，申请专利10 000多件。中国航天科技集团承担着我国全部的运载火箭、应用卫星、载人飞船、空间站、深空探测飞行器等宇航产品及全部战略导弹和部分战术导弹等武器系统的研制、生产和发射试验任务；同时，着力发展卫星应用设备及产品、信息技术产品、新能源与新材料产品、航天特种技术应用产品、特种车辆及汽车零部件、空间生物产品等航天技术应用产业；大力开拓以卫星及其地面运营服务、国际宇航商业服务、航天金融投资服务、软件与信息服务等为主的航天服务业，是我国境内唯一的广播通信卫星运营服务商，也是我国影像信息记录产业中规模最大、技术最强的产品提供商。

目前，航天科技集团主要业务有四大板块：宇航系统、导弹武器系统、航天技术应用产业和航天服务业，见表 2-1。

表 2-1　中国航天科技集团的业务介绍

业务板块	主要领域	相关单位
宇航系统	运载火箭	一院，四院，六院，八院，九院，十一院
	卫星	五院（东方红通信广播卫星，实践八号育种卫星，联合研制中巴资源一号 02B 星），七院（北斗导航卫星），八院（风云三号、气象卫星）
	飞船（神州系列）	五院（神五、神六），八院，十一院
	深空探测器	五院（嫦娥三号）
导弹武器系统	战略、战术导弹	一院，六院，七院，十一院
航天技术应用产业	卫星应用	一院中国亚太移动通信卫星公司，五院卫星应用系统部、卫星应用研究院、西安空间无线电技术研究所、中国卫星、天津航天机电设备研究所、中国四维测绘集团，鑫诺卫星通信公司，航天四维科技公司
	信息技术	五院空间电子信息技术研究院，九院西安微电子技术研究所、北京微电子技术研究所、航天电子
	新材料、新能源	一院航天材料及工艺研究所、航天长征睿特科技公司、航天万源，四院国营七四二四厂、陕西中天火箭技术公司，八院航天机电，乐凯集团
	航天特种技术应用	一院长治清华机械公司、航天长征化学工程公司，六院西安航天远征流体控制公司、北京航天动力研究所、西安航天泵业公司，七院成都航天万欣科技公司、烽火机械厂
	特种车辆与零部件	一院泰安航天特种车公司、航天特种车研究院，七院四川达宇特种车辆制造厂、成都航天万欣科技公司，四院国营七四二四厂，八院航天机电
	空间生物	五院北京东方红航天生物技术公司

续表

业务板块	主要领域	相关单位
航天服务业	卫星及其地面运营服务	中国卫星通信集团公司，五院航天恒星科技公司、中国东方红卫星公司
	金融服务	航天科技财务公司，航天投资控股公司
	国际化服务	长城公司，长征国际
	信息与软件服务	神州软件
	房地产业务	时代置业

中国航天科技集团的各产业内容，均体现在表2-1的四大板块中，由于各研究院均为大型的科研生产综合体，业务领域较多，下面对其产业内容进行具体说明。

（1）中国运载火箭技术研究院（航天科技一院）

中国运载火箭技术研究院创建于1957年11月16日，是我国最大的导弹武器和运载火箭研究、设计、试制、试验和生产基地，是中国航天的发祥地。主营业务包括航天型号工程、航天技术应用产业等领域，覆盖系统总体、空间飞行、结构与强度、自动控制、地面发控、伺服机电、计量测试、强度与环境、新材料、特种制造、总装总测、新能源、煤化工等多方面专业技术。详见表2-2。

表2-2　航天科技一院主要下属单位基本情况

序号	单位名称	主要业务	区域分布	业务性质
1	研究发展中心	运载火箭的预研	北京	设计
2	战术武器事业部	运载火箭总体设计	北京	设计
3	北京宇航系统工程研究所	长征系列运载火箭的总体设计中心	北京	设计
4	北京临近空间飞行器系统工程研究所	临近空间飞行器总体设计中心	北京	设计

续表

序号	单位名称	主要业务	区域分布	业务性质
5	北京航天自动控制研究所	战略武器和大型运载火箭控制系统	北京	设计
6	北京航天长征飞行器研究所	航天载入飞行器和飞行器的总体设计工作	北京	设计
7	北京航天发射技术研究所	航天地面发射设备,民用专用车、电动车辆,以及汽车电子、液压油缸、低温工程等	北京、泰安	研究+生产+供应
8	北京精密机电控制设备研究所	航天伺服控制及工业自动控制等	北京	研究+生产+供应
9	北京航天长征科技信息研究所	导弹武器和航天运输领域的专业化信息咨询	北京	供应
10	北京航天计量测试技术研究所	航天系统测试计量	北京	测试
11	北京强度环境研究所	航天系统结构强度与环境可靠性试验	北京	测试
12	航天材料及工艺研究所	先进复合材料	北京等	研究+生产+供应
13	首都航天机械公司	运载火箭研制、生产总装	北京等	生产+供应
14	长治清华机械厂	航天地面设备,民用专用车、环保设备等	长治	生产+供应
15	北京航天万源科技公司	建筑智能化系统	北京	应用
16	中国亚太移动通信卫星国际公司	卫星应用、运营服务及相关电子工程	北京	应用
17	航天长征化学工程公司	煤气化技术及关键设备研制和工程总包	北京、兰州	应用

序号	单位名称	主要业务	区域分布	业务性质
18	中国航天万源国际公司	风力发电机组、稀土电机	香港等	应用
19	天津航天长征火箭制造公司	新一代运载火箭的研制生产及总装	天津	生产＋供应

（2）航天动力技术研究院（航天科技四院）

航天动力技术研究院是我国目前规模最大、专业齐全、技术实力雄厚、设备配套完备、研制生产能力最强的固体发动机专业研究院。除固体火箭发动机研制外，还大力发展民用产业，初步形成以航天材料产品为主体、航天特种技术应用产品为辅助、服务业务为补充的民用产业发展格局。详见表2－3。

表2－3　航天科技四院主要下属单位基本情况

序号	单位名称	主要业务	区域分布	业务性质
1	湖北航天化学技术研究所	航天固体推进剂，高分子材料、精细化工、机电一体化等	襄樊	研究＋生产＋供应
2	西安航天复合材料研究所	先进复合材料研发生产	西安	研究＋生产＋供应
3	陕西电器研究所	测力／称重、测压传感器，动静态测力、称重设备，工业自动化装置	西安	研究＋生产＋供应
4	西安航天动力测控技术研究所	固体火箭发动机试验，单元测试仪、微特电机、配电柜、自动化控制和网络信息系统	西安	研究＋生产＋供应
5	西安航天信息研究所	为固体火箭发动机及航天技术应用产业和航天服务业提供信息服务	西安	供应

序号	单位名称	主要业务	区域分布	业务性质
6	西安航天动力机械厂	固体火箭发动机制造	西安	生产＋供应
7	西安航天化学动力厂	固体推进产品研制与生产	西安	生产＋供应
8	国营七四二四厂	专业吊具、工艺装备、装药工装、热压模具、厂内运输转运设备等，重型汽车车架、化工催化剂、镁合金结构件、高低压配电柜等	西安	生产＋供应
9	陕西宇航科技工业公司	机电、化工类产品制造，物流服务和建筑等	西安	应用
10	西安向阳航天材料公司	金属复合材料、高分子材料及其制品	西安	应用
11	西安康本材料公司	碳纤维和碳材料制品	西安	应用
12	常州山由帝杉防护材料制造公司	汽车、建筑及安全用玻璃窗膜等防护薄膜材料	常州	应用
13	江苏星源航天材料公司	高性能电解铜箔和覆铜箔层压板	江阴	应用
14	陕西航天龙腾汽车服务公司	汽车销售、维修服务、配件运营	西安	应用
15	北京蓝天达汽车清洁燃料公司	加气站成套设备和压缩天然气、液化石油气汽车供气系统	北京	应用
16	陕西中天火箭技术公司	模型火箭、特种材料、增雨防雹火箭	西安	应用

（3）中国空间技术研究院（航天科技五院）

中国空间技术研究院是中国主要的空间技术及其产品研制基地，主要从事空间技术开发、航天器研制、空间领域对外技术交流与合作、航天技术应用等业务。还参与制定国家空间技术发展规划，研究有关探索、开发、利用外层空间的技术途径，承接用户需求的各类航天器和地面应用设备的研制业务并提供相应的服务。详见表2-4。

表2-4 航天科技五院主要下属单位基本情况

序号	单位名称	主要业务	区域分布	业务性质
1	北京空间飞行器总体设计部	各类空间飞行器的总体设计	北京	设计
2	载人航天总体部	载人航天技术发展和载人航天器	北京	设计
3	通信卫星事业部	通信卫星的研发、总体设计及系统集成	北京	设计
4	控制与推进事业部／北京控制工程研究所	空间飞行器姿态及轨道控制系统及其部件	北京	研究＋生产＋供应
5	卫星应用系统部／卫星应用研究院	卫星应用及地面设备的总体研究	北京	设计
6	空间电子信息技术研究院／西安分院	飞行器有效载荷、电子系统与设备、飞行器测控、武器装备和卫星应用电子系统	西安、北京	研究＋生产＋供应
7	北京空间机电研究所	航天器回收、光学遥感、复合材料结构	北京	研究＋生产＋供应
8	兰州空间技术物理研究所	真空、低温、空间电子等技术及相关设备	兰州	研究＋生产＋供应
9	总装与环境工程部／北京卫星环境工程研究所	航天器总装与专业测试、环境模拟试验与可靠性研究	北京	测试

续表

序号	单位名称	主要业务	区域分布	业务性质
10	北京空间科技信息研究所	空间信息咨询	北京	供应
11	山东航天电子技术研究所	空间电子技术	烟台	研究＋生产＋供应
12	北京东方计量测试研究所	电学计量及标准、无线电计量及标准、长度计量的技术基础性计量测试	北京	测试
13	天津航天机电设备研究所	航天器地面机电设备、航天器机构件和卫星应用产品	天津	研究＋生产＋供应
14	北京卫星制造厂	空间飞行器研制生产	北京	生产＋供应
15	中国东方红卫星公司	小卫星研制、卫星应用	北京等	应用
16	航天神舟投资管理公司	投资工业控制与系统集成、空间生物与育种、新能源等高技术产业	北京	供应
17	北京康拓科技公司	工业控制计算机及系统集成、传动与控制系统、生化控制系统、气体检测技术、煤矿安全、航天测控等	北京	应用
18	北京科强科技公司	高科技软、硬件产品及网络技术产品，承揽系统工程设计、试验、生产和安装	北京	应用
19	北京康拓红外技术公司	列车安全检测技术研究与生产	北京	应用
20	北京天瑞星光热技术公司	真空离子镀膜技术、太阳能光热产品	北京	应用

序号	单位名称	主要业务	区域分布	业务性质
21	北京翔宇空间技术公司	星上部件、元器件材料、地面设备进出口	北京	生产＋供应
22	神舟天辰科技实业公司	空间生物、物业服务、酒店旅游	北京	供应
23	北京东方红航天生物技术公司	生物产品的研发、生产、销售	北京	应用

（4）航天推进技术研究院（航天科技六院）

航天推进技术研究院是我国液体火箭发动机研制中心，也是我国唯一的集运载火箭主动力系统、轨姿控动力系统及空间飞行器推进系统研究、设计、生产、试验为一体的专业研究院。同时大力发展航天技术应用产业，形成了流体机械、热能工程、光机电一体化等三大产品系列。详见表2－5。

表2－5　航天科技六院主要下属单位基本情况

序号	单位名称	主要业务	区域分布	业务性质
1	西安航天动力研究所	航天液体火箭发动机研究设计	西安	设计
2	西安航天动力试验技术研究所	液体火箭发动机试验	西安	测试
3	西安航天计量测试研究所	航天计量测试	西安	测试
4	北京航天动力研究所	液体火箭发动机	北京	设计
5	北京航天试验技术研究所	航天动力综合试验	北京	测试
6	上海空间推进研究所	中小推力轨姿控火箭发动机，空间推进技术	上海	研究＋生产＋供应

序号	单位名称	主要业务	区域分布	业务性质
7	西安航天发动机厂	大型液体火箭发动机研制生产	西安	生产＋供应
8	西安航兴动力厂	提供动力、通信、物业服务	西安	生产＋应用
9	陕西航天动力高科技公司	流体机械研发制造	西安等	应用

（5）四川航天技术研究院（航天科技七院）

四川航天技术研究院以航天型号产品、航天技术应用产业、服务业三大产业为主，以国防装备生产、火箭弹研制、航天技术应用为重点，建立了以重大装备制造、综合机械加工、精密机械加工及电子控制仪器设备、液压伺服机电、电液控制系统、涡喷发动机、控制制导装备、特种车辆和火工装置为特长的专业配套的科研生产体系，是国际知名的火箭武器系统设计、制造商。详见表 2－6。

表 2－6　航天科技七院主要下属单位基本情况

序号	单位名称	主要业务	区域分布	业务性质
1	总体设计部	战术武器、宇航分系统	成都	设计
2	长征机械厂／7102 厂	航天产品制造和总装	成都	生产＋供应
3	四川航天电子设备研究所	航天电子设备，模具、汽车内外饰件等	成都等	研究＋生产＋供应
4	烽火机械厂	液压产品研发制造	成都	研究＋生产＋供应
5	川南机械厂／航天火工技术研究所	油气井爆破器材以及射孔工具的研制和开发	泸州	研究＋生产＋供应
6	四川达宇特种车辆制造厂／四川航天特种动力研究所	涡喷发动机研制生产，煤矿用液压支架、电液控制系统等研制生产	成都	研究＋生产＋供应

续表

序号	单位名称	主要业务	区域分布	业务性质
7	重庆航天机电设计院／重庆航天工业公司	火控系统、机载火控系统、发动机控制系统等研制，以及煤矿机械自动化特种电控设备的研制	重庆	研究＋生产＋供应
8	四川航天计量测试研究所	航天计量技术研究	成都	测试
9	四川航天世都科技公司	汽车零部件	成都、重庆	应用
10	四川航天世都制导公司	航天激光技术在民用医疗的应用	成都	应用
11	四川神坤装备公司	煤机（液压支架）	成都	应用
12	成都航天万欣科技公司	特种装备科研生产	成都	应用
13	成都天盛实业公司	房地产、物业、物流、通信网络、宾馆旅游	成都	供应

（6）上海航天技术研究院（航天科技八院）

上海航天技术研究院是我国导弹武器系统、运载火箭和卫星生产的主要力量，载人航天工程和探月工程的主要配套单位。航天型号产品涉及应用卫星、运载火箭和载人飞船相关产品，民用产品经营领域涉及汽车空调、办公自动化设备、家用电器、机电产品、进出口贸易、物业管理等。详见表2－7。

表2－7　航天科技八院主要下属单位基本情况

序号	单位名称	主要业务	区域分布	业务性质
1	上海机电工程研究所	防空导弹总体设计	上海	设计

续表

序号	单位名称	主要业务	区域分布	业务性质
2	上海卫星工程研究所	气象、科学试验、微波遥感、电子等系列卫星的研制	上海	设计
3	上海航天精密机械研究所	防空导弹总装总测、结构件加工、强度和环境试验及运载火箭箭体结构的生产任务	上海	研究＋生产＋供应
4	上海航天无线电设备研究所	精确制导、近程探测、数据传输、微波技术、天线与天线罩等	上海	研究＋生产＋供应
5	上海精密仪器研究所	导弹、火箭、卫星等控制系统，航天环境模拟试验、精密加工，税控收款机等	上海	研究＋生产＋供应
6	上海航天电子技术研究所	航天电子系统和设备	上海	研究＋生产＋供应
7	上海宇航系统工程研究所	运载火箭、载人航天工程、应用卫星和月面巡视探测器	上海	设计
8	上海航天动力技术研究所	固体火箭动力系统与推进剂，塑料制品、精细化工	上海等	研究＋生产＋供应
9	上海航天技术基础研究所	元器件可靠性、计量测试，航天科技情报等	上海	测试
10	上海空间电源研究所	航天器用电源系统、控制设备，光伏发电和储能电源民用孵化	上海	研究＋生产＋供应
11	上海航天控制工程研究所	运载火箭、卫星等控制系统和设备，电站 EH 液压伺服系统	上海	研究＋生产＋供应

序号	单位名称	主要业务	区域分布	业务性质
12	上海航天设备制造总厂	运载火箭的总装、防空导弹武器系统发射设备和空间飞行器	上海	生产＋供应
13	上海仪表厂有限责任公司	仪表制造	上海	生产＋供应
14	上海航天汽车机电公司	新能源光伏、高端汽配和新材料应用	上海等	应用

（7）中国航天电子技术研究院（航天科技九院）

中国航天电子技术研究院是在中国航天时代电子公司基础上于2009年2月组建而成，是航天电子专业大型科研生产联合体。主要致力于惯性导航、遥测遥控、航天计算机及软件、微电子、机电组件等传统优势专业技术的提升。同时充分发挥型号系统与电子技术相结合的优势，推动技术融合与系统集成，开发系统级产品，并向民用领域延伸。详见表2－8。

表2－8　航天科技九院主要下属单位基本情况

序号	单位名称	主要业务	区域分布	业务性质
1	航天时代仪器公司／中国航天导航技术研究院	惯性系统研制、生产	北京	研究＋生产＋供应
2	北京航天控制仪器研究所	惯性器件及专用测试设备	北京	研究＋生产＋供应
3	北京微电子技术研究所	集成电路设计、生产和销售	北京	研究＋生产＋供应
4	北京航天微机电技术研究所	微机电产品新技术研发、新产品孵化	北京	研究＋生产＋供应

序号	单位名称	主要业务	区域分布	业务性质
5	北京兴华机械厂，陕西灯塔电机厂，陕西苍松机械厂	航天惯性器件生产	北京	生产 + 供应
6	西安微电子技术研究所	微计算机、集成电路	西安	研究 + 生产 + 供应
7	西安航天精密机电研究所	航天各类惯性器件	西安	研究 + 生产 + 供应
8	航天时代电子技术公司	航天电子测控、航天电子对抗、航天制导、航天电子元器件	武汉等	应用
9	航天长征火箭技术公司	测控通信、卫星导航、精确制导与信息对抗、卫星有效载荷、微波与天伺馈、MEMS 与传感器	北京	研究 + 生产 + 供应
10	桂林航天电子公司	继电器、电连接器、特种开关、功能控制组件	桂林	应用
11	杭州航天电子技术公司	通用、专用和特种电连接器	杭州	应用
12	郑州航天电子技术公司	航天电连接器、电子仪器、电缆网	郑州	应用
13	上海航天电子公司	航天技术、运载火箭、航天飞行器配套设备	上海	应用
14	北京航天光华电子技术公司	无线电测量仪器、电子仪器及设备	北京	应用
15	重庆航天火箭电子技术公司	制造自动化电子设备、电子通信设备、工业自动化测控设备等	重庆	应用

（8）中国航天空气动力技术研究院（航天科技十一院）

原中国航天科技集团公司第 701 研究所，是我国最早建成的空气动力研究试验基地，主要从事飞行器空气动力综合技术研究，开发和研制了各种飞行器气动外形优化设计平台和气动性能预测方法，具备功能强大的 CFD 模拟能力；拥有技术先进、配套齐全的低速、亚跨超声速、高超声速风洞、电弧加热器和电弧风洞等专用试验设备二十五座及与之配套的先进的测控系统，建成了 1.2 米量级地面模拟试验设备体系；以彩虹系列无人机为代表的特种飞行器产业现已形成了小型、中近程及大型高端无人机研制体系，具备了总体设计和系统集成能力。详见表 2－9。

表 2－9　航天科技十一院主要下属单位基本情况

序号	单位名称	主要业务	区域分布	业务性质
1	第一研究部	飞行器空气动力综合技术	北京	设计
2	第二研究部	空气动力实验与工程应用	北京	设计
3	第三研究部	地效飞行器和微型飞行器	北京	设计
4	航天神舟飞行器公司	无人机开发、生产和服务	北京等	研究＋生产＋供应
5	航天环境工程公司	环保技术、新能源技术，环保工程	北京等	应用
6	测控技术事业部	传感器、测控系统、热能技术、光纤传感技术应用	北京	研究＋生产＋供应
7	北京航天易联科技发展公司	测控技术、光电一体化技术、光纤技术	北京	应用

2.3.2 中国航天科工集团

中国航天科工集团公司是中央直接管理的国有特大型高科技企业，现有 5 个研究院、2 个科研生产基地、6 家上市公司、580 余户企事业单位，遍布全国各地。现有职工 13.7 万余人，拥有包括 8 名两院院士、200 余名国家级科技英才在内的一大批知名专家和学者，形成了多个国家重点实验室、技术创新中心、成果孵化中心及专业门类配套齐全的科研生产体系。

目前，中国航天科工集团公司定位在军工生产、航天器、通信及电子设备、专用汽车及零部件、民用设备制造、航天工程及技术的研究与服务，基本形成航天防务、信息技术、装备制造等三大业务板块，详见表 2-10，建立了完整的防空导弹系统、飞航导弹系统、固体运载火箭及空间技术产品等技术开发和研制生产体系。以系统总体技术、控制技术、精确制导技术、电子信息技术、目标识别技术等为代表的航天高新技术在国内相关领域具有领先优势。

表 2-10　中国航天科工集团的业务介绍

业务板块	主要领域	相关单位
航天防务	导弹武器研制	二院、三院、四院、六院、〇六一基地、〇六八基地、河南航天工业总公司等
信息技术	系统集成及软件开发与测评	一院、航天科工深圳（集团）公司、航天信息公司等
	卫星应用	一院等
装备制造	特种车及汽车零部件	二院、四院、航天晨光、航天汽车等
	专用设备及系统装备制造	二院航天长峰、〇六一基地等
	光机电基础产品及材料	〇六一基地、〇六八基地、航天精工公司等
其他业务	资产运营	航天通信控股集团公司、航天科工资产管理公司等
	金融、贸易等现代服务业	中国航天汽车公司、中国华腾工业公司、中国伟嘉科技公司、航天科工财务公司、航天证券公司等

中国航天科工集团所涉及的产业内容分类，各研究院情况如下所述。

（1）中国航天科工信息技术研究院（航天科工一院）

中国航天科工信息技术研究院成立于 2002 年，2009 年重组集团内从事信息技术研究及相关装备研制及生产有关单位。主要业务是军民信息系统的研究及信息技术产品的设计开发和生产，主要产品涉及卫星通信、卫星导航、智能仪器、测试故障诊断、智能交通等领域。详见表 2 － 11。

表 2 － 11　航天科工一院主要下属单位基本情况

序号	单位名称	主要业务	区域分布	业务性质
1	南京电子设备研究所	电子对抗技术，装备集成制造	南京	研究＋生产＋供应
2	北京航天测控技术开发公司	测控装备和维修保障信息化装备、通用测试平台、系统集成、工业控制、基础测试测量仪器产品和软件与信息化产品等	北京	应用
3	航天科工卫星技术公司	微小卫星与有效载荷及相关技术产品	北京	应用
4	北京航天科工世纪卫星科技公司	卫星通信、卫星导航设备制造、系统集成	北京	应用
5	中国航天系统工程公司	战略研究、创新投资、信息工程、节能减排、艺术制像、国际贸易	北京	供应
6	北京科工天宝导航技术公司	高精度的全球导航卫星系统（GNSS）接收机及系统解决方案	北京	应用

（2）中国航天科工防御技术研究院（航天科工二院）

中国航天科工防御技术研究院以微电子、光电子、机电技术为基础，在武器系统总体、导弹总体、精确制导、雷达探测、目标特性及目标识别、仿真技术、军用计算机及共性软件、地面设备及发射技术和先进制造技术等领域处于国内领先水平。并形成了电子信息、机电产品和服务业的民用产业发展格局，开发了信息技术应用、数控系统、医疗器械和制药机械、雷达广播通信、系统工程、特种器件等为代表的主导产品，承担并圆满完成了以南水北调仿真、北京2008年奥运场馆安保系统设计与建设等为代表的多项国家重点工程任务。详见表2－12。

表2－12 航天科工二院主要下属单位基本情况

序号	单位名称	主要业务	区域分布	业务性质
1	北京电子工程总体研究所	防空导弹总体设计	北京	设计
2	北京无线电测量研究所	雷达、通信、电子信息、综合系统	北京	研究＋生产＋供应
3	北京遥感设备研究所	无线电、红外光学、信号与信息处理技术、自动化控制等，特种器件与微组装技术	北京	研究＋生产＋供应
4	航天科工防御技术研究试验中心	可靠性试验与检测技术，大型场馆、工程及基础设施的安保	北京	测试
5	北京无线电计量测试研究所	无线电计量测试、石英晶体元件研制等	北京	测试
6	北京计算机应用和仿真技术研究所	计算机软件、软件测试	北京	研究＋生产＋供应
7	北京机械设备研究所	安保科技	北京	研究＋生产＋供应
8	北京环境特性研究所	光电监控、搜索、跟踪系统	北京	研究＋生产＋供应

序号	单位名称	主要业务	区域分布	业务性质
9	北京电子文献服务中心	信息服务	北京	供应
10	西安航天自动化公司	自动化工程及设备、机电一体化设备、计算机网络与通信、智能仪表及技术服务	西安	应用
11	北京计算机技术及应用研究所	计算机软、硬件	北京	研究＋生产＋供应
12	柳州长虹机器制造公司	汽车配件、汽车电器及机床设备	柳州	生产＋供应
13	航天长峰（600855）	安保科技、电子信息、医疗器械及医疗工程、数控机床系统、贸易等	北京、昆明	应用

（3）中国航天科工飞航技术研究院（航天科工三院）

中国航天科工飞航技术研究院是目前我国集研制生产于一体、配套最为完备、门类最为齐全的飞航产品研究院。由飞航产品总体设计部，动力、惯导、雷达测控、红外激光、特殊材料、计算机等 10 个科研生产一体化专业技术研究所，2 个总装厂，9 个公司（其中含 1 个上市公司）等单位组成。除飞航导弹科研生产外，还大力开发民品，包括钢骨架塑料复合管、微型燃气轮机发电站等。详见表 2 - 13。

表 2 - 13　航天科工三院主要下属单位基本情况

序号	单位名称	主要业务	区域分布	业务性质
1	航天科技（000901）	北斗应用及车联网和工业物联网、汽车电子、石油仪器设备等	北京	应用

序号	单位名称	主要业务	区域分布	业务性质
2	北京机电工程研究所	飞航产品及无人机系统的总体设计、系统集成、试验验证	北京	设计
3	北京空天技术研究所	某科技工程项目的总体研究	北京	设计
4	北京动力机械研究所	动力装置	北京	研究＋生产＋供应
5	北京自动化控制设备研究所	飞行器惯导系统、自动驾驶仪、控制系统、惯性仪表等	北京	研究＋生产＋供应
6	北京华航无线电测量研究所	飞航导弹制导设备	北京	研究＋生产＋供应
7	天津津航计算技术研究所	系统工程、自动控制、信息工程、电源、机械结构	天津	研究＋生产＋供应
8	天津津航技术物理研究所	光电技术工程应用	天津	研究＋生产＋供应
9	北京特种机械研究所	飞行器的发射装置和配套地面设备	北京	研究＋生产＋供应
10	北京星航机电设备厂	高低压配电柜、塑钢门窗等产品	北京	生产＋供应
11	北京航星机器制造公司	飞航武器装备	北京	生产＋供应
12	北京振共计量测试研究所	计量测试技术和测试设备	北京	测试
13	北京京航计算通信研究所	软件评测、软件开发、系统集成、网络运维	北京	研究＋生产＋供应

续表

序号	单位名称	主要业务	区域分布	业务性质
14	航天特种材料及工艺技术研究所	特种材料	北京	研究＋生产＋供应
15	北京海鹰科技情报研究所	科技情报、知识产权、档案、会展等服务	北京	供应
16	航天科工哈尔滨风华公司	飞航产品系统配套装备，电站配套设备	哈尔滨	生产＋供应
17	沈阳航天新光集团公司	航空航天动力装置	沈阳	生产＋供应
18	华创天元实业发展公司	钢骨架塑料复合管及配套管件	廊坊	生产＋供应
19	航天海鹰安全技术工程公司	建筑智能化系统工程、自动消防系统工程、安全技术防范系统工程、平安城市系统工程、节能技术与服务	海口	应用

（4）中国航天三江集团（航天科工四院）

中国航天三江集团的前身是隶属于中国航天工业部的大型三线企业。已建成集研发、生产、销售与售后服务于一体的特种越野车研制生产基地，并开发了计算机网络安全系统集成、网络智能安防产品、电动车控制器、石油仪器、重型平板运输车、线缆设备、土工格栅成套生产设备，以及税控收款机、微波产品、胶塞模具、涂装设备、卫生材料包装机械等产品。详见表 2－14。

表 2－14　航天科工四院主要下属单位基本情况

序号	单位名称	主要业务	区域分布	业务性质
1	湖北航天飞行器研究所	专业型号产品的基础技术	武汉	设计

续表

序号	单位名称	主要业务	区域分布	业务性质
2	湖北三江航天万山特种车辆公司	重型高机动越野车、重型工程运输装备、核心汽车零部件等	孝感	应用
3	湖北三江航天双菱脚轮公司	脚轮和手推车	孝感	应用
4	湖北三江航天江北机械工程公司	压力容器制品、机电成套设备、金属冲压件等	孝感	应用
5	武汉三江航天房地产开发公司	房地产开发、物业管理和商业地产运营管理	武汉	供应
6	湖北三江航天机电设备公司	饲料机械设备制造	孝感	应用
7	国营红阳机械厂	机械加工、复合材料及制品制备、非标准工艺装备等	孝感	生产+供应
8	探测与控制技术研究所	机电产品	孝感	研究+生产+供应
9	微波与制导技术研究所	机电产品、测控设备、微波产品	孝感	研究+生产+供应
10	控制设备研究所	船艇、涂装设备、机电成套装备、协作配套	孝感	研究+生产+供应
11	北京机电工程总体设计部	飞行器系统总体设计、协调	北京	设计
12	控制与电子技术研究所	固体运载火箭控制系统总体	北京	研究+生产+供应
13	指挥自动化技术研发与应用中心	指挥自动化系统核心技术	北京	研究+生产+供应

序号	单位名称	主要业务	区域分布	业务性质
14	南京晨光集团公司	液压伺服技术，专用汽车、柔性管件、金属艺术制像、工程机械、压力容器等	南京常州	应用
15	航天晨光（600501）	改装车、工程机械、柔性管件、压力容器等	南京等	应用
16	南京晨光高科创业投资公司	高新技术产业、实业、商业地产投资等	南京	供应

（5）中国航天科工动力技术研究院（航天科工六院）

2011 年 12 月 26 日，中国航天科工集团公司内部固体动力资源重组整合，新六院组建成立。目前，六院下属 41 所、46 所、210 所、601 所、602 所、359 厂、389 厂、8610 厂、科技公司、金岗重工、航联公司、实业公司等专业研究所及大型生产厂和民品公司等。基本形成了覆盖战略、战术、防空反导及宇航等全应用领域、多尺寸、宽射程、系列化的固体动力产品体系。同时，培育形成了 F－12 高强有机纤维、风电塔筒、风力发电机叶片、稀土萃取剂、乳酸系列产品、电气自动化设备等一批极具市场潜力和发展前景的重点产业化项目。详见表 2－15。

表 2－15 航天科工六院主要下属单位基本情况

序号	单位名称	主要业务	区域分布	业务性质
1	内蒙古动力机械研究所	固体燃料火箭发动机和部分配套产品	呼和浩特	研究＋生产＋供应
2	内蒙古合成化工研究所	固体火箭发动机复合推进剂、功能助剂、高强有机纤维等特种材料	呼和浩特	研究＋生产＋供应

序号	单位名称	主要业务	区域分布	业务性质
3	西安长峰机电研究所	固体火箭发动机和地面设备	西安	研究＋生产＋供应
4	复合材料研究所	固体火箭发动机壳体、后盖、喷管、安全点火装置等零部组件	呼和浩特	研究＋生产＋供应
5	内蒙古红峡化工厂	固体火箭发动机的装药总装	呼和浩特	生产＋供应
6	湖北三江航天江河化工科技公司	型号发动机装药、配方研制、总装，汽车内饰、乳酸盐等	远安、孝感等	应用
7	内蒙古航天动力机械测试所	固体火箭发动机的地面试验和试验技术	呼和浩特	研究＋生产＋供应
8	602 所	科技情报	呼和浩特	供应
9	内蒙古河西航天科技公司	精细化工、金属制粉、乳业设备清洗液等	呼和浩特	应用
10	内蒙古金岗重工公司	风力发电、压力容器、电站空冷等装备	呼和浩特	应用

第3章 航天产业转移的推拉模型

3.1 航天产业转移的推拉理论模型

推拉理论模型最初是用于解释人口的流动和迁移，如 19 世纪末雷文斯坦在其《人口迁移规律》一文中提出：促使人口发生迁移的原因包括受到压迫、受到歧视、不堪负重的赋税、生活条件的不适合及地区气候不佳等因素，但最重要的原因还是经济因素，也就是说人口迁移的主要动机是为了改善生产和生活条件。[63] 在此基础上，赫伯拉、米切尔分别正式提出了推拉理论，他们认为人口迁移就是原住地的推力与目的地的拉力相互作用的结果。[64] Lee 则进一步将迁出地和迁入地两地中间的障碍因素及个人因素引入解释框架内，将人口迁移的影响因素增加到四种，即迁入地因素、迁出地因素、中间的障碍因素以及个人影响因素，并指出迁入地和迁出地都存有推拉两种力量，当迁入地的净拉力大于零，而迁出地的净推力大于零时，人口迁移就会产生。[65]

对于企业转移来说，从空间角度看与人口迁移是一样的，也是从一个区域转到另一个区域，从运动学角度看，也没有什么两样，都是受到推力和拉力的作用。Nakostcen 和 Zimmer 较早探讨了企业迁移的作用力问题，他认为企业迁移是推力、拉力和阻力三种力共同作用的结果，其中推力因素包括企业发展空间的限制、劳动力供应的不足，拉力因素主要是迁入地良好的区位条件，阻力因素主要是现有劳动就业关系的维系。[66] Pellenbarg 等通过比较分析荷兰在 1977 年、1988 年和 1999 年的迁移企业情况，发现随着时间的推移，由于所在区位的供需、基础设施、就业市场、政府政策等情况发生了变化，导致影响企业发生迁移的最重要的因素也随之发生变化，具体见表 3 − 1 所示。[67]国内学者在企业迁移方面也开展了不少研究，如陈建军结合浙江 105 家企业的问卷调查结果，通过实证研究发现，对企业的区域转移决策有较大影响的主要有四个方面的因素，即基于市场目标的销售额扩大、基于出口的海外扩张、基于资源利用目标的技术人才引进和基础设施利用、基于广告效应目标的企业知名度扩大。[29]朱华晟等以温州灯具企业为例，通过半结构式访谈，得出如下结论：要素市场的价格差距不足以引起大规模群体式外迁，而迫于同质产品竞争压力及为了突破核心技术瓶颈制约，成为企业迁移的重要内在动力，并进一步提到，集群企业的迁移路径具有集群指向性，那种基于集体创新能力和集群治理效率的地区竞争优势成为企业迁移的外部推力或拉力。[68]

表 3 − 1　影响企业迁移的推力与拉力及其变化

推力		
1977 年	1988 年	1999 年
缺乏成长空间 组织者的考虑 企业房屋的糟糕境况 征用/租赁终止 不是代表性建筑	缺乏成长空间 组织者的考虑 当地交通情况糟糕 乐观看法 企业房屋的糟糕境况	缺乏成长空间 不是代表性建筑 企业房屋的糟糕境况 组织者的考虑 便利性差
拉力		
1977 年	1988 年	1999 年
可能的扩张 组织者的考虑 房屋的可得性 有利的交通位置 有利的交通环境	有利的交通位置 可能的扩张 有利的交通环境 新地点/建筑的价格 代表性建筑	代表性的建筑 供应商和客户的可达性 可能的扩张 有利的交通位置 房屋的可得性

作为企业转移的宏观表现，产业转移也受到转出地和转入地的推力和拉力的综合作用。王花荣认为在产业转移过程中，产业转出地施予企业的力有两种：一种是推动产业转出的作用力；一种是阻碍产业转出的作用力；同样，产业的转入地施予企业的作用力也有两种：一种是吸引产业转入的作用力，一种是阻碍产业转入的作用力。[69]魏后凯进一步将产业转移的影响因素划分为推力、拉力和阻力，他认为导致产业转移的外部环境因素包括来自于转出地的推力因素、来自转入区的拉力因素；而企业迁移与否取决于来自现有区位的推力因素、来自目标区的拉力因素，以及促使企业留在现有区位的阻力因素。[70]张弢等在此基础上，将作用于产业的合力 = （转出地的推力 + 转入地的拉力） - （转出地的阻力 + 转入地的排斥力） = 转出地的净推力 + 转入地的净拉力，发达地区产业向欠发达地区转移的方向和倾向性程度取决于这个合力的大小。见图 3 - 1，只有当净拉（推）力大于净阻力时，产业转移才会越过临界线，才能从发达地区 A 向欠发达地区 B 发生转移。[71]

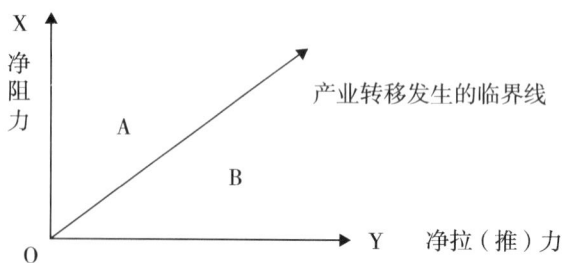

图 3 - 1　产业转移的推拉模型

为了方便分析产业转移问题，张弢利用二维构面图做进一步说明，将产业转出地推力、产业转入地拉力、产业转出地阻力和产业转入地排斥力，进行匹配，组成矩阵关系，用以反映产业在不同合力的情况下所表现出来的动态关系，见图 3 - 2 所示。

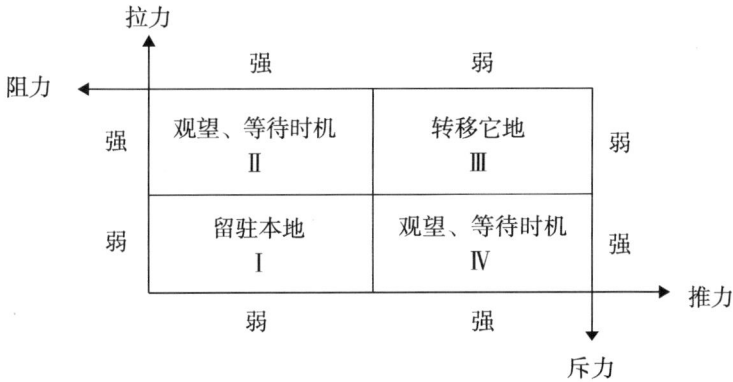

图 3 - 2　产业转移的四种力关系矩阵图

从图 3 - 2 可见，当发达地区推力弱、阻力强和欠发达地区拉力弱、斥力强时，产业不转移，仍留驻在本地；当发达地区推力强、阻力弱和欠发达地区拉力弱、斥力强时，或者发达地区推力弱、阻力强和欠发达地区拉力强、斥力弱时，产业处于观望和等待状态，是否发生转移还要看它们的净推力与净拉力之和的大小；当发达地区推力强、阻力弱和欠发达地区拉力强、斥力弱时，产业会发生转移。

根据上述分析，作为我国产业转移浪潮中的航天产业转移，也是多种力量共同作用的结果，见图 3 - 3 所示。

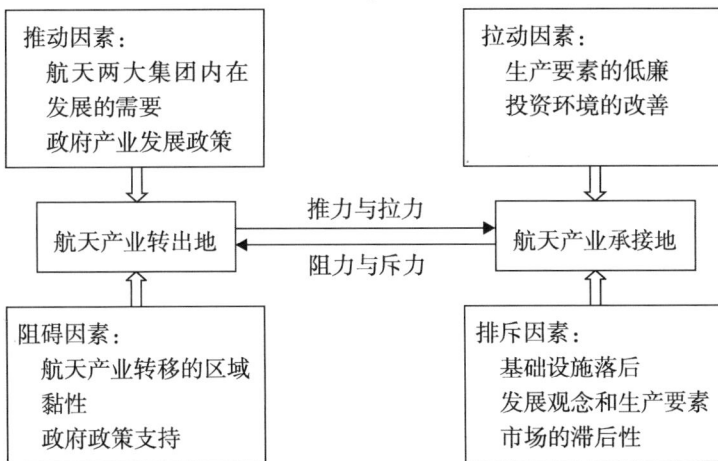

图 3 - 3　航天产业区域转移的"推拉"力模型

（1）航天产业转移的推力包括航天两大集团内在发展的需要、政府产业发展政策。对于企业内在发展需要来说，企业为了在市场竞争中获得更大的优势，为了更充分地利用各种低成本要素，企业往往采取异地扩张的方式，充分利用新投资机会，实现生产和销售网络的布局优化，在全国乃至全球范围内形成统一的产业链体系，可以说这是在市场经济条件下，企业的一种自主性扩张行为；对于政府产业发展政策来说，产业政策是政府对经济生活的一种干预行为，它通过出台一些政策，支持相关主导或支柱产业的发展，形成产业集聚，或者利用金融税收等手段，提高企业在异地发展的市场预期，引导产业转移，协调区域发展。

（2）航天产业转移的拉力包括生产要素的低廉和投资环境的改善。对于生产要素的低廉来说，由于不同地区的要素禀赋不同，导致同种要素在不同地区的价格也不同，如自然资源和劳动力资源，一般来说，欠发达地区与发达地区相比，其要素成本优势非常明显，这种要素成本优势为航天产业发生跨区域转移提供良好的自然基础；对于投资环境的改善来说，产业转移实际上就是产业或企业寻找一个有利其发展的再投资过程，它一般要考虑产业承接地的硬环境和软环境，为此，承接地政府往往会通过完善基础设施、提高行政服务效率等，吸引产业转移。

（3）航天产业转移的阻力包括航天产业转移的区域黏性和政府政策支持。对于区域黏性来说，所谓的黏性是一种依附性，是指在进行产业转移时，产业有一种强烈的依附于原产业所在地的倾向，或者说是由于产业在原产地已经形成了多种关联性而导致对产业转移形成了阻力，[72]这种阻力使得企业一旦在某地或某一集聚落地生根，就形成一种"路径依赖"和"累积因果"的自我加强过程，向外地转移意愿较低，有的甚至等到整个产业链出现转移才会考虑迁移到其他地区；对于政府政策支持来说，发达地区之所以发展快速，除了拥有良好的机遇、地理优势等条件外，还包括当地政府不断的制度创新，以降低企业生产成本和交易成本，从而对寻求高生产率和交易效率的企业形成一种转移黏性，另外，官员的绩效考核压力，促使转出地政府在注重制度创新和地区产业结构升级的同时，也会对那些丧失优势而必须向外转移的产业进行保护或支持其在所辖地区内进行转移，进而阻碍产业向外转移。

（4）航天产业转移的排斥力包括基础设施落后、发展观念和生产要素市场的滞后性。对于承接地基础设施落后来说，欠发达地区交通、通信以及配套服务设施等要比发达地区落后，造成信息沟通成本高和生活工作的不便等，再加上承接地工业化水平低、产业配套不足，从而限制部分产业转移，即使有些企业转移过来后，由于中间产品的外购成本过高和各种不便性而难以根植当地；对于发展观念和生产要素市场的滞后性来说，观念落后是欠发达地区一笔凝重的历史遗产，落后的理念、保守的认识，不仅造成产业转移中各种不合理成本明显上升，许多无法实现控制的"隐性成本"也接踵而来，从而造成产业转移的排斥性，另外，由于欠发达地区市场经济改革配套落后，要素市场发育滞后，再加上对外开放度不够、信用不健全，使得不少转移企业望而却步。

3.2 航天产业向河北转移的"推拉"力分析

根据上述航天产业转移模型的分析，以北京作为航天产业转出地、河北作为航天产业转移承接地为例，进行具体分析。

3.2.1 推动力因素

3.2.1.1 航天两大集团内在发展的需要

企业内在发展的需要是产业转移的内在动力。随着航天两大集团军民融合战略的实施和推进，它们借助自身的科技优势和资本优势等，在空间范围内进行不断扩张，以满足自身成长发展的需要。

（1）中国航天科技集团

根据已经制定的《中国航天科技集团公司构建航天科技工业新体系战略转型指导意见》，航天科技集团主要从导弹武器系统、宇航技术与产品、航天民用产业"三大主业"转向宇航系统、导弹武器系统、航天技术应用产业、航天服务业"四大主业"；并着力建设产业结构体系、组织管理体系、产业能力体系、技术创新体系、人力资源体系、航天文化体系六个子体系。[73]以上述为基础，在全国布局航天产业基地，形成北京、上海、西安、成都、天津、内蒙古、香港（深圳）、海南八大航天产业基地，进而形成重点突出、结构合理、功能完善、资源集约的航天产业基地群，实现四大主业产业化发展能力的综合提升，见图3-4。其中，北京基地依托航天总部，重点发展航天装备、航天电子、航天高端材料和高端装备；上海基地围绕上海国家民用航天产业基地建设，重点发展太阳能电池、复合材料、机电设备制造等产业；西安基地围绕西安国家民用航天产业基地，重点发展以航天装备制造、航天电子、航天特种技术应用为核心的产业集群；天津

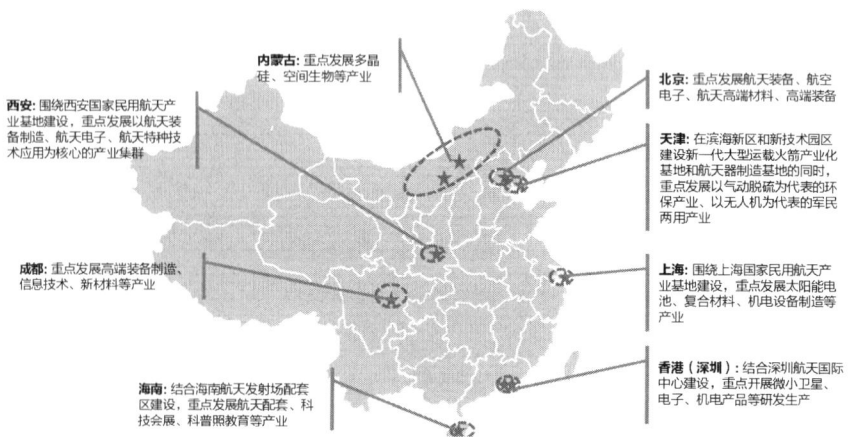

图3-4 中国航天科技集团重点建设的八大航天
产业基地及其重点发展方向

基地在建设新一代大型运载火箭产业化基地和航天器制造基地的同时，重点发展以气动脱硫为代表的环保产业、以无人机为代表的军民两用产业；内蒙古基地重点发展多晶硅、空间生物等产业；航天香港（深圳）基地结合深圳航天国际中心建设，重点开展微小卫星、电子、机电产品等研发和生产；海南基地结合海南航天发射场配套区建设，重点发展航天配套、航天科技会展、航天科普教育等。[74]

另外，在八大航天产业基地建设的同时，中国航天科技集团还在不断拓展和完善区域产业布局，并以战略性新兴产业的应用和产业化作为投资的重点方向，与地方政府签署战略合作协议，推进航天产业向地方转移。如 2011 年 11 月，河北省与航天科技集团签署战略合作协议，围绕运载火箭、航天器制造与试验、卫星应用、新材料、新能源、高端装备制造和信息技术等战略性新兴产业重点领域开展深入合作；在此基础上，中国航天科技集团与廊坊市人民政府、华夏幸福基业投资开发股份有限公司签署战略合作框架协议，开展固安航天科技产业园区建设，推动中国航天科技集团一院、六院、九院、十一院等单位的相关航天技术和装备制造、试验设施等落户园区；中国航天科技集团中国空间技术研究院与河北沧州合作，建设航天神舟太阳能光热产业园，推进中高温太阳能集热管、集热场的加工制造，等等。

（2）中国航天科工集团

中国航天科工集团围绕"军民融合、创新驱动、人才强企、质量制胜"四大战略，推动军、民用资源的统筹利用和军、民用产业的相互促进、相互融合、协调发展，并积极将具有发展潜力和产业化前景的军用技术产业向地方转移，建立了多个以军民两用技术、产品开发及产业化发展为背景的高科技产业园区和产业化发展基地，见图 3－5所示。在北京，航天科工二院、三院在顺义区建立航天产业园，航天信息股份有限公司在海淀区建立航天信息产业园；在河南，航天科工的航天精工制造有限公司在信阳建立航天精工河南高端紧固件产业园，航天科工河南总公司在郑州建立河南高端液压件产业园；在江苏，航天科工一院 8511 所在南京开展新区产业园项目，〇六一基地 3565 厂在苏州建立江南航天应急救援装备产业园；在广东，航天科工深圳公司在深圳建立智能电网产业园；在云南，航天科工云南总公司在昆明开展产业园项目；在贵州，航天科工〇六一基地在遵义县建立特种专用车生产线技术改造项目，在贵阳建立临泉电机科技园；在湖南，航天科工〇六八基地在望城县建立湖南航天科技工业城高新材料工业园；在湖北，航天科工四院在孝感建立水上摩托艇、农产品加工成套装备建设和特种压力容器产业化项目，航天科工六院在远安县建设生物质转化高端乳酸系列产品产业化项目；在内蒙古，航天科工六院 46 所在呼和浩特建立高强度有机纤维产业化项目，等等。

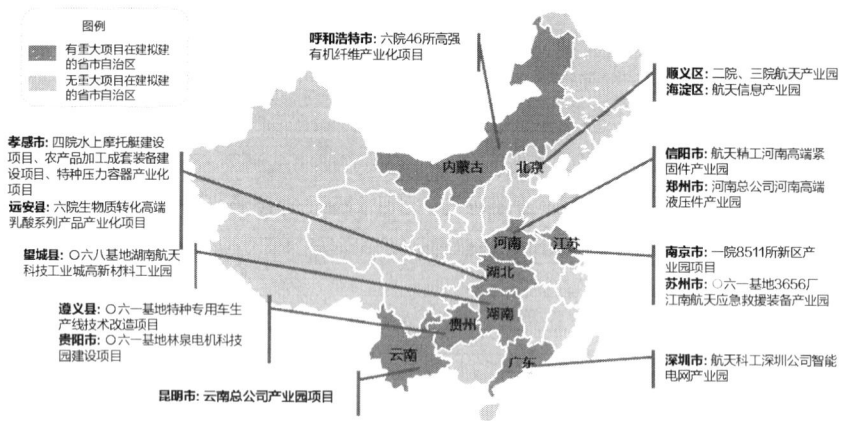

图 3-5　中国航天科工集团产业投资重大在建、
拟建项目区域分布情况

与此同时，航天科工集团围绕智慧城市建设、信息技术应用和高端装备制造等方面，与地方政府积极开展合作。如 2011 年，航天科工集团与河北省政府签署战略合作协议，围绕信息技术、装备制造、安保科技系统、节能环保科技、医疗器械设备，开展深入合作。在此基础上，中国航天科工二院与河北省易县人民政府签署"航天科技产业园"协议，重点发展民用雷达与射频大功率设备、机电产品等产业化项目，以拓展航天科工二院军民融合及民用产业的发展空间。

3.2.1.2 政府产业发展政策

产业政策是政府的一种干预行为，其目的是吸引人力要素、资本要素等来提高产业发展水平，在具体制定和实施中，既可通过价格管制、投资项目审批等方式强制性地体现政府意志，也可通过财政补贴等间接干预方式引导相关产业企业发展。总之，政府可通过一系列政策工具引导产业转移，优化地区产业结构；也可吸引产业转入、引导产业集聚，推进相关产业发展。

在产业转移承接方面，2010 年 8 月 31 日，国务院出台了《关于中西部地区承接产业转移的指导意见》，提出要深化区域合作，促进要素自由流动，实现东中西部地区良性互动，逐步形成分工合理、特色鲜明、优势互补的现代产业体系，并强调要发挥中西部地区国家级经济技术开发区、高新技术产业开发区的示范带动作用，承接发展电子信息、生物、航空航天、新材料、新能源等战略性新兴产业。2014 年 6 月 25 日，在李克强总理主持召开的国务院常务会议上，提出了包括推动劳动密集型产业和加工组装产能向中西部转移等促进产业转移和重点产业布局调整的政策措施。

在京津冀协同发展方面，2014 年 2 月，习近平总书记在听取京津冀协同发展工作汇报中，提出七点要求：①加强顶层设计、编制首都经济圈一体化发展的相关规划；②打破自家"一亩三分地"的思维定式、抱团发展；③加快推进产业对接协作，形成区域间产业合理分布和上下游联动机制；④调整优化城市布局和空间结构、提高城市群一体化水平；⑤扩大环境容量生态空间，加强生态环境保护合作；⑥构建现代化交通网络系统，形成便捷快速和低成本大容量的互联互通综合交通网络；⑦推进市场一体化进程，推动各种要素按照市场规律在区域内自由流动和优化配置。2014年12月,张高丽副总理强调,要抓紧修改完善规划纲要,加快编制相关领域专项规划,确保在一个目标下协同、一张蓝图下推进;要深入研究体制机制改革、强化创新驱动、开展试点示范等重大问题,优先启动一批有共识、看得准、能见效的非首都核心功能疏解项目,加快推动交通一体化、生态环保、产业转移三个重点领域率先突破。在2014年7月底的北京市、河北省工作交流座谈会上,北京市委书记郭金龙表示,北京将加强与河北的规划对接,把城镇空间布局、产业功能定位、生态红线划定、交通基础设施布局等方面的共识,落实到规划上,形成一张图;要在交通、生态、产业、公共服务等方面进一步明确一批现实急需、具备条件且符合协同发展目标的重点项目等。

随着这些政策和高层认识的加强,北京在《中国共产党北京市第十一届委员会第五次全体会议决议》中提出十个方面的新认识,其中涉及产业结构调整的就有六条:①要在首都城市战略定位上有新认识(政治中心、文化中心、国际交往中心和科技创新中心);②要在调整疏解非首都核心功能上有新认识;③要在首都城市战略定位上有新认识;④要在提升城市建设特别是基础设施建设质量上有新认识;⑤要在加大大气污染治理力度上有新认识;⑥要在推动京津冀协同发展上有新认识;等等。根据这些新认识和新定位,按照"禁一批、关一批、控一批、转一批、调一批"的思路,分类疏解退出不符合首都功能定位的产业,其中:"禁一批"就是禁止新建、扩建首都不宜发展的工业项目,全市范围内不再布局一般制造业;"关一批"就是坚决就地关停高污染、高耗能、高耗水产业,全面治理镇村工业大院;"控一批"就是对水泥、石化等保障城市运行及民生的行业实行总量控制;"转一批"就是对不符合首都战略定位的劳动密集型、资源依赖型一般制造业实施整体转移;"调一批"就是对高端产业中不具备比较优势的制造环节,通过"两头在内、中间在外"的原则实施环节调整，主动在京津冀进行全产业链布局。

由此可见，不论是国家出台的一些鼓励产业转移政策，还是北京市出于新的功能定位形成的系列产业转移政策，都对航天产业向地方转移起到了较大的促进作用，为其生产制造环节寻找有力的发展空间，为其降低企业成本提供了良好预期。

3.2.2 拉动力因素

3.2.2.1 河北地区生产要素的低廉

对于劳动力要素，一般来说，欠发达地区的劳动力相对丰富，而发达地区的资本相对富裕，鉴于劳动力的有限供给（且新增劳动力逐年递减）和资本投入的无限增长可能，无论是发达地区还是欠发达地区，资本的增长率总是高于劳动力的增长率，在利益的驱动下，以及新增资本与劳动力比率不断提高的趋势下，低资本与劳动力比率产业的生产要素向高资本与劳动力比率产业流动，导致发达地区低资本与劳动力比率的产业丧失比较优势。[71]同时，由于欠发达地区与发达地区的生产要素价格差别主要表现为劳动力的工资水平差异，一般发达地区同质产业劳动力平均工资高于欠发达地区的平均工资，由于欠发达地区的平均工资水平较低，低资本与劳动力比率的产业能够在欠发达地区以低于发达地区同质产业的劳动力工资获得发展所需的劳动力。如果不考虑其他因素，欠发达地区较低的劳动力价格是促使发达地区那些低资本与劳动力比率产业向欠发达地区转移的一个重要因素。

从北京、河北统计年鉴来看，北京地区 2012 年城镇单位在岗职工的平均工资为 8.53 万而河北地区仅为 3.95 万，北京地区 2013 年城镇单位在岗职工的平均工资为 9.40 万而河北地区仅为 4.25 万，北京地区的工资水平要远高于河北地区。另外，近年受房价、交通和环境等问题的困扰，再加上地方的良好政策支持，不少河北人才开始退出北京等一线大城市，回家乡工作和创业。因此，北京的高劳动力成本，以及河北充沛的劳动力资源，推进了航天产业一些劳动力密集型的生产制造环节向河北的转移。

相对于劳动力要素的可流动性，同样作为生产要素的土地，其空间流动具有相对稳定性，而且还是资本、劳动力等要素进行空间流动的基础，由于土地这种不变的、非流动性，使得其成为产业空间布局的一个非常重要的因素，进而直接影响到区际产业转移。[75]一般，企业出于某种原因大量地集聚在某一产业园区或城市带时，当地的土地价格将会快速增长，企业扩大再生产的成本也随之高速增长，为了减少这种成本支出，企业就会向其他地区转移，当企业转移数量较大时，产业的区域转移也就随之形成。

根据 2012 年地价动态监测年度数据显示，北京地区平均地价为 9080 元／m²，而河北地区地价最高的石家庄为 1857 元／m²、最低的承德地区仅为 731 元／m²。[76]由此可见，随着北京地区人口和企业不断积聚，北京地价水平也不断提高，高昂的土地成本和非常有限的土地资源，使得航天企业在选址和盈利上面临双重限制，为了保证自身业务发展需要，不得不将一些生产环节等进行转移。

3.2.2.2 河北地区投资环境的改善

投资环境是指投资者进行投资活动所具备的外部条件，包括投资硬环境和投资软环境。

（1）硬环境建设

①在交通方面，河北现有的高速公路、铁路通车里程均占到全国第 3 位，而且计划在 2015 年末全省 11 个地级市将全部贯通高铁，形成环北京"一小时交通圈"。石家庄、山海关、唐山、邯郸四个机场开始运营，张家口、承德、北戴河三个机场正加快建设，临近廊坊的首都第二机场也已开工建设；另外，秦皇岛、唐山港、黄骅港三大港

口通达全球，年吞吐能力超过 8 亿吨等。

②在园区建设方面，目前河北拥有各类省级或省级以上开发区151 个，其中国家级经济技术开发区 6 个、国家级高新技术产业开发区 2 个、省级经济开发区 191 家、省级高新技术产业开发区 11 家，其中省级军民结合产业示范园区 16 个、示范基地 4 个，根据河北省规划，到 2015 年，要做大做强 20 个产业集聚区、主业突出的省级军民结合产业园区，逐步形成以空间信息技术、新能源、新材料、航空航天、高端装备制造等产业为主导的军民结合产业体系；另外，在京津冀协同发展契机下，河北省确定 40 个产业园区作为承接京津功能疏解、产业转移的平台，其中生产制造类平台数量最多，包括北京新机场空港新区、河北潮白河京津冀协同发展示范、正定新区、保定京南现代产业基地、崇礼冰雪体育产业基地、张家口西山高新技术产业开发区、邯郸国家级经济技术开发区等。

③在其他硬环境建设上，根据 2014 年出台的《河北省人民政府关于加强城市基础设施建设的实施意见》，到 2015 年底，河北城市路网结构趋于合理，道路网密度达到 6 千米／平方千米；公共交通、自行车和步行交通设施得到改善；排水防涝系统初步建立，雨水调蓄、排放能力明显增强；地级市城市公共供水普及率达到 95%，县城（县级市）达到 85%；城市燃气普及率达到 93%，天然气使用比重达到 60%；地级市住宅供热计量收费面积达到本市住宅集中供热面积的50% 以上，县城（县级市）达到 25% 以上；配电网各电压等级协调发展；城市家庭宽带接入能力达到 20 兆比特每秒（Mbps）；城市污水处理率达到 85%，污泥无害化处置率达到 70% 左右，再生水利用率达到 30% 以上；地级市城市生活垃圾无害化处理率达到 95%，县城（县级市）达到 90%；城市建成区绿化覆盖率达到 41%，绿地率达到36%，人均公园绿地面积达到 12 平方米等。

（2）软环境建设

河北近年围绕承接京津转移产业出台了一系列法规及政策，如在2010年出台的《河北省人民政府关于进一步扩大开放承接产业转移的实施意见》中提出：要积极改善发展环境，打造产业集聚高地；积极构建产业承接平台，增强产业承载能力；积极探索产业承接模式，创新区域合作机制；积极推进创新资源整合，提高自主创新能力；积极推进资源节约集约利用，促进节能减排；积极参与京津冀产业分工，促进区域经济一体化。着力加强与沿海及京津等发达地区在发展空间、产业功能、资源要素、基础设施和产业政策等方面的对接合作，加快构建现代产业体系，实现全省经济跨越式发展。为了进一步优化自身软环境建设，2014年又先后出台了《河北省人民政府关于进一步健全重点项目服务和保障机制的意见》《河北省人民政府关于加快金融改革发展的实施意见》《关于做好省政府2014年第二批取消下放行政审批事项衔接工作的通知》《河北省人民政府关于深化户籍制度改革的实施意见》《河北省人民政府办公厅关于印发河北省钢铁水泥玻璃等优势产业过剩产能境外转移工作推进方案的通知》《河北省人民政府关于支持科技型中小企业发展的实施意见》《河北省科学技术厅关于支持"千人计划"人才在河北创新创业的若干措施》《河北省人民政府关于进一步优化企业兼并重组市场环境的实施意见》《河北省人民政府办公厅关于鼓励民口单位和民间资本进入国防科技工业领域的通知》《关于印发〈关于支持白沟新城产业发展的意见〉的通知》《河北省人民政府关于促进全省经济增长政策措施的通知》《河北省委、省政府关于推进新型城镇化的意见》等政策文件，为促进航天产业转移、落地和发展，提供了较好的软环境保障。

3.2.3 阻碍力因素

（1）航天产业转移的区域黏性

第一，从航天产业发展历史看，航天产业作为高新技术产业，作为关系国家安全的战略性产业，经过几次国防工业大规模的布局调整以后，基本形成了北京、上海、陕西、四川、贵州等省份为主的航天产业集群。而且，由于航天产业技术难度高、附加值大、对质量及精密度要求极高，在航天产业集群形成与发展中，基本是以某一研究院为中心，负责产品的研发和总装，而零部件的生产由其周围的供应商或其他相关配套企业来完成，并从中获取规模经济和范围经济。另外，航天产品的需求方主要是政府和部队，航天产业的发展，受政府和部队需求影响巨大，一般是为了完成政府或部队的某一计划而进行研究和开发，如嫦娥计划、载人航天计划、北斗导航计划、风云气象卫星计划等，各个航天企业、部门之间因计划而出现分工和协作，有不少是具有不同专业优势的、跨地域的企业和科研院所的分工与协作，从而形成一个网络型的航天产业集聚。当然，这种因项目计划而形成的产业集聚，具有一定的临时性，一旦项目结束，集聚即可解散。按照新增长理论，由于自然资源禀赋、历史事件、偶然机会及其他方面原因，导致一些产业在某些地区形成集聚，并产生一定比较优势，然后在外部规模经济的作用下，将更多的相关要素吸引进来，从而强化这种集聚经济，吸引更多的企业和产业入驻，形成集群发展的高级阶段。这时，整个区域开始弥漫着马歇尔所说的"新鲜的产业空气"，既促进集群内部新企业的衍生，又增强对集群外部企业进入的吸引力，从而使集群优势不断积累、规模持续扩张，呈现出一种"路径依赖"和"累积因果"的自我加强过程。正如波特所指出的"一旦一个集群开始形成，一种自我强化的过程会促进它的成长"。在这个集群形成和自我强化的过程中，一个完整的产业链体系也将逐步形成，相应的围绕链条某些环节进入和发展的企业由于上下游链条关系和网络集群关系等，使得其落地生根，只有当整个产业链出现转移时，这些企业可能才会考虑迁移到其他地区。

第二，航天科学是一门综合学科，一个航天科研项目开发所涉猎的科学范围极其广泛，需要应用到机械、电子、物理、化学等多种学科的知识和技术，而且实验工艺和生产工艺非常复杂，需要在实验室、厂房和各类设备上投入大量的资本。如果航天企业进行转移，这些既有的投入将无法收回，从而导致航天企业投入的成本无法收回成为沉没成本。此外，航天产业在我国处于国家垄断市场，其生产具有特定的方式与投入，技术特性具有很强的排他性，知识等都只能在同类产业的企业内共享。[77]这种资产的专用性，由于找不到合适的买家，无法转作他用，从而进一步加大了沉没成本对航天产业转移的阻碍效应。

第三，劳动力跨地区流动，特别是北京对河北等地的人才虹吸效应，对航天产业转移的区域黏性起到推波助澜作用。据罗迈国际市场调研中心的《2012—2013 中国人才流动调查报告》数据显示，影响人才流失的两个主要因素是薪酬和发展空间。在薪酬方面，从京津冀三地 2012 年城镇单位在岗职工的平均工资来看（北京 8.53 万、天津 6.54 万、河北 3.95 万），河北与北京存有较大的差距；从发展空间看，北京作为全国的政治中心、文化中心、科技创新中心和国际交往中心，再加上航天两大集团总部均在北京，各类航天科研院所和航天企业也非常密集，相应的已建和在建平台数量多，人才发展空间大。从而使得北京地区对各类人才和一般劳动力的吸引力非常大，表现出河北地区劳动力资源源源不断地流向北京，对北京地区航天产业的持续扩张起到促进作用，致使航天企业丧失向河北转移动力，航天产业转移也就变得迟缓。

（2）转出地政府的支持

北京拥有航天两大集团总部，汇集了全国星、箭、弹、船总体设计、核心研发和总装测试的绝大部分核心单位，集聚了一批核心配套单位，形成了全产业链发展能力。为了进一步发挥航天产业的先导性和引领性，依托北京丰富的创新资源和区位优势，推动军民深度融合，2009 年 7 月，北京市政府与航天两大集团签署战略合作协议，围绕电子信息、装备制造、新材料、新能源、环保和生物医药等方面开展合作互动。在落实航天两大集团与北京市的战略合作协议过程中，2010 年 10 月，中国航天科技集团在北京建设中关村航天科技创新园，围绕卫星导航、卫星遥感、深空探测、载人航天、空间科学等多个领域，涵盖宇航、航天技术应用、航天战略性新兴产业等多个产业，推动航天领域科技创新和产业化项目；2011 年 3 月，中国航天科工集团在北京顺义区建设北京航天产业园，打造九大产业分区，包括平安城市及应急装备区、物联网应用区、数控和工业自动化区、雷达与工业辐照设备区、无人机装备区、电力装备区、电力在线检测设备区、机电设备集成制造区、微波成像检测设备与节能控制器区。2011 年 12 月，北京市政府发布了《北京市"十二五"时期航空航天产业发展规划》（以下简称"规划"），推进航空航天产业集群发展和集约化发展，显著增强高端制造能力和核心研发能力，形成"两区一带"的空间布局，即以中关村科学城为核心的北部高端研发集聚区、以大兴军民结合产业基地为重点的南部高端制造区、以顺义航空航天产业园为代表的航空航天技术应用经济带。其中，在航天产业上，明确指出：要保持"星、箭、弹、船"总装和集成测试优势，通过载人航天与探月工程、高分辨率对地观测系统等重大专项的实施，突破核心技术和关键技术，带动基础和前沿领域的发展；通过重点发展航天运载器、民用卫星及其应用、先进有效载荷与仪器，支持陆地卫星、海洋卫星、气象卫星、环境与灾害卫星的研发与建设，推进民用航天产业的快速发展。另外，"规划"还提到，要充分利用中关村国家自主创新示范区各项优惠政策支持航天产业发展；要通过组织协调，在产业扶持、科技创新、财政支持、人才引进、土地利用等方面加大对重点单位和项目的支持，并在行政审批、政府采购、信息交流、金融服务、资质认定、综合配套保障等方面给予支持。[78]由此可见，北京在航天等高科技产业方面的政策和制度创新，对于促进"资本"的增值、企业生产成本和交易成本的降低、生产效率的提高和产业的集聚提供了良好的制度环境，从而对航天产业的转出构成了障碍。

另外，地方政府是由众多的具备"经济人"色彩的官员组成，具备了经济理论中所讨论的"经济人"的一般特征。他们既做有利于自己的事，也做不利于其竞争对手的事。即地方政府为了实现地区社会福利的最大化、解决当地的就业问题、获得更多的财政税收，以及发展当地的医疗、基础设施和教育等，进而获得所在地居民的支持和实现自身的政绩提升，会尽可能地通过争资源、争计划、争市场等方式，以及其他相关措施的出台和支持等，限制区域内资源流出，阻碍当地企业转出本地。

3.2.4 排斥力因素

（1）基础设施的落后

任何产业都不能脱离其他产业而孤立地存在和发展，只有那些能为发达地区转出产业提供良好协作配套条件并处于交通便利的地区，才最有可能成为承接发达地区产业转移的基地。一般，按社会功能不同，基础设施可分为社会服务性基础设施和公共工程性基础设施。[79]

根据2013年国家统计局数据，可看出河北与北京在基础设施建设上存有较大差距，详见表3-2。

表3-2　河北与北京的基础设施比较

内容		北京	河北
公共工程性基础设施	城市用水普及率（%）	100.00	99.85
	城市燃气普及率（%）	100.00	98.35
	每万人拥有公共交通车辆（标台）	12.62	24.39
	人均城市道路面积（平方米）	18.22	7.61

续表

内容		北京	河北
公共工程性基础设施	人均公园绿地面积（平方米／人）	14.05	12.72
	每万人拥有公共厕所（座）	4.07	3.05
	供水综合生产能力（万立方米／日）	2554.53	887.82
	热水供热能力（兆瓦）	38585	27441
	公共交通车辆运营数（辆）	27590	17498
	轨道交通运营数（辆）	3998	
	运营线路总长度（千米）	20153	19647
	轨道交通运营线路总长度（千米）	465	
社会服务性基础设施	普通高等学校数（所／万人）	0.042	0.016
	普通高中学校数（所／万人）	0.138	0.077
	初中学校数（所／万人）	0.164	0.325
	普通小学学校数（所／万人）	0.517	1.710
	医院数（个／万人）	0.282	0.173
	综合医院数（个／万人）	0.143	0.113
	博物馆机构数（个／万人）	0.019	0.014
	公共图书馆业机构数（个／万人）	0.011	0.024
	人均拥有公共图书馆藏量（册／人）	0.98	0.26
	公园个数（个／万人）	0.116	0.065

　　由表3-2可见，由于资金投入不足、发展观念相对落后等，导致河北地区基础设施水平与北京存有较大的差距，特别是在教育和医疗方面，不仅在相对数量上存有一定差距（除了初中学校数和小学学校数外），在质量上也存有较大差距，如北京拥有26所211（含985）高校，而河北只有1所；在2014年全国小学排名中，进入前100名的北京地区小学有13所，而河北地区只有4所（且均在50名之后）；在2014年全国高中排名中，进入前100名的北京地区高中有5所，河北地区有4所；在中国医学科学院公布的2014年中国医院影响力

综合排名中，进入前 50 名的北京地区医院有 15 所，而河北地区没有。这些差异对航天产业的转移形成一定的排斥力。另外，由于河北整体处于工业化中期，产业结构化较低，产品竞争力较弱，再加上现代服务业和新兴服务业等发展滞后，使得产业配套严重不足，从而对航天类高新技术产业的转移形成限制。

（2）发展观念和生产要素市场的滞后性

在发展观念方面，观念落后仍然是河北地区一笔凝重的历史遗产。主要表现在：市场经济所要求的开拓进取和改革创新的观念，与一些地区存有的浅尝辄止、小富即安的思想相冲突；市场经济所要求的公平竞争和全面开放观念，与一些地区存有的恶性竞争和封闭保守相抵制；市场经济所要求的艰苦奋斗和自强自立的观念，与一些地区存有的畏首畏尾、守株待兔以及"等、靠、要"的依赖心理格格不入等。另外，不少地方政府仍沿用计划经济的思维模式，把精力放在"跑部进京、跑省进厅，争取项目、争取财政性资金、争取贷款"上，而不是按照市场经济所要求的观念理念，将重点放在基础设施的完善、投资环境的优化、政策体系的健全等，以吸引更多的企业进入和投资。总之，这种理念观念的保守性、封闭性和滞后性等，再加上政策体系、政务服务、人员素质等存有这样那样的不足，使得产业转移过程中很多不合理的事项和成本产生，导致有产业转移需求的企业望而却步，或者进而退却。

在生产要素市场方面，一般包括土地、劳动力、资本、技术和信息等，是生产经营活动中利用的各种经济资源的统称，具体有金融市场（资金市场）、劳动力市场、房地产市场、技术市场、信息市场、产权市场等。成力为等提到，在要素市场不完全条件下，生产要素受市场进入和退出的限制不能完全自由流动，其价格也并不一定等于边际产出报酬，资本、劳动等要素的投入并不完全按照其边际产出配置，因此存在要素定价扭曲下的配置效率损失，从而最终导致对低技术的锁定和路径依赖，以及延迟或缩减对自主核心技术提高的投入。[80]也就是说，要素市场的不健全，会导致高科技企业创新投入的巨大风险不能够得到补偿，企业缺乏创新的内在动力，从而阻碍其转移。另外，相对于北京等发达地区来说，受历史等因素的影响，河北地区要素市场尤其是金融市场、技术市场等近年才刚起步，发育状况还处于初级阶段，信用体系还不是很健全，再加上政府对经济干预较多及比较严重的地区还存有封锁和条块分割的现象、对外开放的程度低，造成了河北地区对航天产业转移的排斥力。

3.3 京津冀协同发展下航天产业转移发展趋势

由上述分析可知，航天产业转移是多种力量共同作用的结果，只有在推拉力（包括推力和拉力）与障碍力（阻力、斥力）之差大于零时，航天产业才能从北京地区转向河北地区。这里既包括市场机制的作用，即由于生产要素在地区间的差异性导致企业生产成本差异，促进航天企业选择要素成本更低的地区；也包括政府的调控作用，即通过政策的引导和环境的优化，引导航天产业转移。但由于我国市场机制还不是很健全，企业在实施跨地区投资时，由于市场信息收集的困难以及高昂的信息成本等导致跨区域投资过程中信息的不对称，尤其是所获得反映地区优势的信息总值少于实际值，在投资决策时，势必会低估预期收益、高估投资风险，从而影响产业转移。因此，更多地需要政府通过政策和其他措施引导产业转移，为微观经济组织的趋利行为创造更加有利的经济社会环境。而京津冀协同发展战略的推进和实施，为航天产业的转移创造了新机遇、提供了新动力。

自 2004 年在《廊坊共识》中正式提出京津冀协同发展思路以来，开展京津冀三地产业布局的整体协调，统筹区域的一体化，促进区域内产业合理分工、竞争性产业合理转移和集聚，进而推动产业结构优化和发展方式转变，就一直成为河北政府的重点工作之一。特别是在

2014 年 2 月 26 日，习近平总书记专门听取京津冀协同发展专题汇报，并明确提出了京津冀协同发展的指导思想、基本原则、总体思路和重大任务之后，标志着京津冀协同发展上升为国家战略。为了将习近平总书记的指导思想转化为具体行动，国家高层、各相关部委以及北京、天津、河北三地的负责人就如何推进京津冀协同发展进行密集调研、表态和谋划。2014 年 3 月 5 日，李克强总理在十二届全国人大二次会议上的《政府工作报告》中，要加强环渤海及京津冀地区经济协作。2014 年 3 月 27 日，河北省委、省政府召开全省推进京津冀协同发展工作会议，明确河北在京津冀一体化中要打造"四个支撑区"，并部署了抓紧推进京津冀协同发展的十项重点工作，这也是河北在京津冀一体化中对自身规划的战略定位。2014 年 5 月 28 日，国家发展与改革委员会召开促进区域协调发展新闻发布会，范恒山秘书长表示在制定京津冀协同发展相关规划过程中，要把握好五个基本原则，即"坚持问题导向、优化区域功能、突出协同发展、着力体制创新、注重条件约束"，并在具体方面要着眼于疏解非首都的核心功能，推进交通及基础设施互联互通、产业转型升级与转移对接，实现创新驱动发展，并在统筹社会公共事务、环保、资源能源保障、对外开放等方面做出部署和安排。2014 年 7 月底，河北与北京签署了共同推进曹妃甸、北京新机场临空经济合作区、中关村在河北转化基地、张承地区生态环境建设、交通一体化、市场一体化、物流业协同发展等七项合作协议。2014 年 12 月，国务院副总理张高丽在京津冀协同发展工作推进会议上提出，要从总体谋划转向推进实施，要抓紧修改完善规划纲要，要优先启动一批非首都核心功能疏解项目，等等。

京津冀三地的合作以及相关政策的出台，为促进航天产业的转移起到巨大推动作用。一方面是顺梯度转移，北京作为首都以及典型的"知识型＋服务型"城市，其第三产业比重已经上升到 76.9%，进入后工业化阶段，特别是在京津冀一体化提出以来，围绕其政治中心、文化中心、科技创新中心和国际交往中心定位，重点发展服务经济、总部经济和有特色的优势型产业，推动产业向价值高端化、体量轻型化、生产清洁化发展，而同时将与此定位不符的功能和产业向天津、河北转移，如商贸服务业、劳动密集型和资源依赖型的一般制造业、高端产业中不具有比较优势的生产制造环节等；而河北第一产业仍占较大比重，第二产业作为主导产业，但钢铁、煤炭等资源密集型、资金密集型产业占主要地位，第三产业比重增长迟缓，低于国内平均水平，仍以传统商业、服务业为主，现代和新兴服务业发展滞后，河北整体处于工业化中期，因此，为了加快传统制造业的改进与升级，推进现代制造业和服务业的快速发展，河北正在借助京津冀协同发展的契机，加大承接北京转移产业，特别是一些劳动密集型或先进制造业的加工配套；另一方面是逆态度转移，即产业转移顺序不必先从劳动密集型和资源密集型开始，最后才过渡到技术密集型，而完全可以通过引进先进技术，实现欠发达地区的跨越式发展。当前，随着京津冀协同发展的开展，京津冀之间的通信、交通和物流的一体化发展，使区域内信息接收差异和时间成本大大缩小了，再加上近年河北在传统资源型优势产业基础上，初步建立以太阳能、风电、电子信息和生物医药等为代表的新型产业，具备了承接航天等高科技产业生产分工转移和逆梯度跨越发展的条件；此外，伴随着一系列对接京津举措的出台和实施，加快参与航天等高科技产业的产业链分工，提高合作高度和技术起点，推动航天等高科技产业在河北的快速发展，可避免长期羁绊于落后的增长方式和低梯度陷阱之中。

因此，受益于京津冀协同发展，北京地区围绕其城市发展新功能定位，通过出台一系列政策来调整疏解非首都核心功能，以改善城市运行环境，保护生态发展环境；而为了推动一些非核心功能产业或生产制造环节的转移，在京津冀协同发展大势下，已开始与河北在一些重点领域和项目上开展合作，为相关企业的转移和搬迁提供良好的保障。河北地区借助京津冀协同发展，在创造良好的产业承接环境方面出台了一揽子政策，包括交通基础设施、人员户籍、人才引进、技术开发、土地开发、配套服务、工商政务等的优化，从而借此为逐步参与到北京航天等高科技产业的链条环节分工、拉长京津冀地区的航天产业链、破解承接困境难题提供保障，最终实现河北航天产业的跨越式发展。

第4章 河北承接航天产业转移能力评价

从前面章节内容可知，近年随着河北地区软硬件环境条件的改善，以及高技术产业研发资源、技术储备和制造能力等资源要素的积累，在京津冀一体化战略实施的契机下，航天产业转移已成为一种趋势。但能否充分利用本地的劳动力、资源和其他具有比较优势的资源，抓住航天产业转移的机遇，通过参与航天等高科技产业的产业链分工，积极响应区域内外高技术产品需求，关键在于河北地区的航天产业承接能力。良好的产业承接能力不仅会吸引航天产业转移方，并从众多可选择区域竞争中脱颖而出，而且能够在现有要素环境下与转入产业更好地融合提升，最大限度地激发其乘数效益和溢出效应，进而在内外方优势整合的基础上取得良好的运作效益，更好地推动地区产业发展。[39]

4.1 航天产业转移承接能力的内涵与构成

目前，关于产业承接能力的研究主要分为两个层面：第一，从地方承接转移产业的影响因素来间接阐述产业承接能力的内涵与构成，如王满四等从产业承接地市场规模及潜力、基础设施条件、产业配套能力、人力资本情况、经济发展水平等方面分析影响产业承接的关键因素，并证明经济发展水平是最大的影响因素[81]；罗哲等以2010年横截面数据为基础，通过对西部省份的产业转移承接能力进行实证分析，发现经济发展规模、区位优势、路径效应和基础设施条件对吸引产业转移承接规模有正向影响效应，而要素成本则不显著；[82]张冬梅认为产业承接能力的强弱，既取决于资源优势和比较优势，更取决于经济优势和竞争优势。[34]第二，围绕能力内涵及其系统性，直接阐述产业承接能力的内涵及构成，如孙世民等提到，产业承接能力是指一个国家或地区在一定时期和一定技术组织条件下所拥有的，凝聚吸引转移产业、准确选择转移产业、稳固接纳转移产业、融合发展转移产业，进而提升产业结构，促进区域经济发展的能力，该能力包括四个方面：集聚转移产业的吸引力、准确甄选转移产业的选择力、稳固接纳转移产业的支撑力和融合提升产业的发展力；[83]高云虹等也指出，产业承接能力是指一个国家或地区在一定时期和一定技术组织条件下所拥有的，提升其产业结构、促进区域经济发展的能力，由产业吸引力、支撑力和发展力三部分构成的综合能力。[84]

为此，借鉴上述表述，结合航天产业特点，本书将航天产业转移承接能力的概念界定为：一个国家或地区在一定时期和一定的产业基础、劳动力、资源等条件下，所具备的吸引接纳航天转移产业并能使其得以存续的产业吸引能力、产业选择能力和产业支撑能力。它反映了一个地区在争取航天产业转移项目博弈中的实力。其构成包括航天产业吸引力、航天产业接纳力和航天产业发展力三个方面，这三个方面作为航天产业转移承接能力子系统，存有横向的递进关系，而且彼此间通过相互作用共同形成具有良好功能的总系统。

①航天产业吸引力。

航天产业吸引力，是指航天产业移入地具有因产品需求或资源供给的比较优势而吸引航天产业转移的能力。它是一个国家或地区加强承接航天产业转移能力建设的前提和基础。一般，地区航天产业吸引力越强，潜在转移产业、转移企业、转移资本和转移技术越多，转移航天产业的要素质量也越高，可供选择的余地也越大；反之则不然。因此，地区要有吸引航天产业转移的要素成本优势、产品市场的吸引力、产业的集聚效应和优惠的政策的吸引力等。

②航天产业接纳力。

航天产业接纳力，是指接纳已选择的转移产业在承接地落地并得以顺利生存和发展的能力。它是一个国家或地区承接航天产业转移能力的关键部分，也是转移航天产业进一步发展的前提。一般，地区航天产业接纳能力越强，才越能顺利地承接航天产业转移，从而与当地产业相互渗透、相互协调、共同发展。其具体表现为对航天产业转移的一种支撑力，这种支撑力取决于交通基础设施的支持、配套条件的支持、产业结构的支持和政府服务的支持等。

③航天产业发展力。

航天产业发展力，是指促使所承接的航天产业规模不断扩张、优势地位不断递进，进而推动地区产业结构不断高度化的能力。航天产业发展力是承接能力建设的落脚点，如果所承接的航天产业只有生存能力，而没有扩大、发展的机会，就不会促进自身及相关产业的发展，更不会促进地区产业结构的优化调整，产业转移承接的意义也就不存在了。所以提升航天产业发展能力的重点在于技术创新水平的高低、制度环境的优化性和金融的保障性。

根据上述理解，为了尽可能反映航天产业转移承接能力的内涵，应遵循以下原则开展具体指标的分析和选择。

①系统性原则和科学性原则。

航天产业转移承接能力是由产业吸引力、接纳力和发展力共同构成的一个多层次复合体，这些层次之间需要存在内在联系性，所构成的指标体系分之可解释个别现象、合之可表现整体框架和形象。另外，指标体系的建立一定要科学合理，要能客观地反映出航天产业转移承载能力的内涵与规律。

②可比性和可操作性原则。

可比性，即能够反映不同地区承接能力的区域差异性；可操作性，即在能够反映评价对象综合承接能力的基础上，指标的含义要明确，指标的选取数量要少而精，避免含义相似或相近的指标重复出现，而且，这些评价指标还易于计算分析。

③先进性与超前性原则。

选择和建立航天产业转移承接能力评价指标体系，不仅要求能客观反映被评估地区航天转移承接能力的现状，还要能引导其产业环境的改善以及产业结构的升级，应具有指导性和超前性。

结合上面的航天产业转移承接能力的构成及其转移承接特点，借助相关的文献研究成果[34,37,84-89]，在广泛征询专家意见的基础上，得到了航天产业转移承接能力的综合评价指标体系，如表4-1所示。

表4-1 航天产业转移承接能力评价指标体系

一级指标	二级指标	三级指标	量化指标
航天产业吸引力 B_1	成本优势 C_1	劳动力成本 D_1	职工平均工资（万元）
		土地成本 D_2	土地成交价款／土地成交面积（万元／亩）
	市场吸引 C_2	居民消费水平 D_3	城镇居民人均消费性支出（万元）
		市场潜力规模 D_4	社会零售品销售总额（百亿元）
	集聚效应 C_3	企业集聚 D_5	规模以上工业企业数量／建成区面积（个／平方千米）
		产业集聚 D_6	工业总产值／建成区面积（万元／平方千米）
	政策吸引 C_4	优惠政策指数 D_7	国家开发区数×2＋省级开发区数（个）
航天产业接纳力 B_2	交通基础设施 C_5	客运状况 D_8	客运总量（百万人）
		货运状况 D_9	货运总量（百万吨）
	配套支持 C_6	通信信息水平 D_{10}	邮电业务总量（亿元）
		教育水平 D_{11}	每万人在校大学生数（个）
		医疗水平 D_{12}	每千人医疗机构床位数（个）

一级指标	二级指标	三级指标	量化指标
航天产业接纳力 B_2	产业结构优化程度 C_7	产业结构 D_{13}	非农产业总值／GDP（％）
		能耗水平 D_{14}	单位GDP能耗（吨标准煤／万元）
	政府公共服务 C_8	政府调控能力 D_{15}	财政支出／GDP（％）
航天产业发展力 B_3	技术创新 C_9	研发费用投入 D_{16}	R&D经费支出／GDP（％）
		人才素质 D_{17}	人才密度（％）
	制度环境 C_{10}	产权制度 D_{18}	非国有工业企业实收资本／规模以上工业企业实收资本（％）
		财政分权制度 D_{19}	人均地方财政支出／人均中央财政支出（％）
		知识产权保护制度 D_{20}	国内三种专利授权数（件）
	金融支持 C_{11}	资本形成 D_{21}	全社会固定资产投资总额（百亿元）
		金融发展 D_{22}	金融机构年末各项贷款余额／GDP（％）

4.2 基于组合赋权的综合评价模型构建

4.2.1 组合赋权的确定

评价指标赋权是评价过程中的一个重要环节，权重确定的合理与否直接关系着评价的准确性与科学性。目前关于权重确定的方法可根据原始数据来源的不同，分为客观赋权法和主观赋权法两大类。其中，主观赋权法所获得的权重是在数据采集前确定的，忽视了评价指标数字特征本身所蕴含的信息，而且主观随意性较大，易受专家的知识、经验和偏好等主观因素的影响；而客观赋权法所获得权重是在数据采集之后计算出来的，可避免主观随意性，但由于其仅仅以数据说话，忽视了专家的知识和经验，有时甚至出现权重系数不合理的现象。因此，为提高评价质量，本书将主、客观赋权法结合起来，确定各评价指标的最终权重，以发挥各自优势、克服彼此不足。

本书选择 AHP 法与熵权法相结合的方法，确定各项指标的组合权重。其中，AHP 法又叫层次分析法，是借助专家的知识和专业程度，利用两两比较的方法确定两要素的相对重要性，然后根据数学方法挖掘出各指标的绝对重要性；而熵权法是根据各指标所含信息量的大小来确定指标相应的权重，一般指标所提供的信息量越大，在评价中的作用越大，权重也就越高，避免了人为因素的干扰。

4.2.1.1 用 AHP 法确定指标的主观权重

（1）构建判断矩阵

采用专家咨询法，利用表 4 - 2 判断矩阵标度及其含义，对航天产业转移承接能力评价指标体系的层次结构图中某一层要素相对于其上层相关的要素，两两评判其相对重要性，获得判断矩阵。

表 4 - 2　判断矩阵标度及其含义

标度	含义
1	表示两个因素相比，具有同样的重要性
3	表示两个因素相比，前者比后者稍重要
5	表示两个因素相比，前者比后者明显重要
7	表示两个因素相比，前者比后者非常重要
9	表示两个因素相比，前者比后者极端重要
2、4、6、8	表示上述两相邻等级的中间值
倒数	表示相应两个因素交换次序比较的重要性

（2）计算各级指标的权重

首先，将判断矩阵 B_i 的每一列进行归一化处理，得到：

$$W_{ij} = \frac{b_{ij}}{\sum_{i=1}^{n} b_{ij}} (i, j = 1, 2, \cdots, n) \qquad （公式 1）$$

其次，将每一列经归一化的判断矩阵按行相加，得到：

$$\overline{W} = \sum_{i=1}^{n} W_{ij}(i,j = 1,2,\cdots,n) \qquad （公式2）$$

然后，再对向量 $\overline{W} = [\overline{W}_1, \overline{W}_2, \cdots, \overline{W}_n]$ 进行归一化处理，即

$$W = \frac{W_i}{\sum\limits_{j=1}^{n} W_j}(i,j = 1,2,\cdots,n) \qquad （公式3）$$

则有 $W = [W_1, W_2, \cdots, W_n]^T$，即为所求的特征向量。

（3）进行一致性检验

首先，计算判断矩阵的最大特征向量：

$$\lambda_{\max} = \sum_{i=1}^{n} \frac{(BW)_i}{nW_i} \qquad （公式4）$$

其次，计算随机一致性比率：

$$CR = \frac{CI}{RI} \qquad （公式5）$$

其中 $CI = \dfrac{\lambda_{\max} - n}{n - 1}$，$RI$ 为随机一致性指标，其取值见表 4 - 3 所示，当 $CR < 0.1$ 时，则认为判断矩阵通过一致性检验，否则需要重新进行两两比较，调整矩阵的元素，直到通过一致性检验为止。

表 4 - 3　一致性指标 RI

n	1	2	3	4	5	6	7	8	9
RI	0	0	0.58	0.90	1.12	1.24	1.32	1.41	1.45

最后，在确定了判断矩阵并通过一致性检验后，则可用特征向量 $W = [W_1, W_2, \cdots, W_n]^T$ 表示相应指标的主观权重。

4.2.1.2 用熵权法确定指标的客观权重

设 x_{ij}（$i = 2, 2, \cdots, n$；$j = 1, 2, \cdots, m$）为第 i 个评价对象的第 j 项评价指标的观测数据，该方法的步骤具体如下：

（1）计算第 j 项评价指标下的第 i 个评价对象指标值所占比重 P_{ij}：

$$P_{ij} = x_{ij} \Big/ \sum_{i=1}^{n} x_{ij} \qquad （公式6）$$

（2）计算第 j 项指标的熵值 e_j：

$$e_j = -\frac{1}{\ln(n)} \sum_{i=1}^{n} P_{ij} \ln P_{ij} \qquad （公式7）$$

（3）计算第 j 项指标的差异系数 g_j：

$$g_j = 1 - e_j \qquad （公式8）$$

（4）计算第 j 项指标的权重 W_j：

$$W_j = g_j \Big/ \sum_{i=1}^{m} g_j \qquad （公式9）$$

4.2.1.3 组合权重的确定

设 W_j^C 为两种赋权法组合后第 j 个指标权重，将 W_j^C 表示为 W_j^A 和 W_j^B 的线性组合（$j = 1, 2, \cdots, n$），即：

$$W_j^C = \theta \times W_j^A + (1 - \theta) \times W_j^B \qquad （公式10）$$

其中，θ 为 AHP 权重占组合权重的比例，W_j^A 为第 j 个指标的 AHP 权重；（$1 - \theta$）为熵权权重占组合权重的比例，W_j^B 为第 j 个指标的熵权权重。

以组合权重与 AHP 权重之间的偏差和组合权重与熵权权重之间的偏差的平方和最小为目标建立目标函数，[90]即：

$$MinO = \sum_{j=1}^{n} \left[(W_j^C - W_j^A)^2 + (W_j^C - W_j^B)^2 \right]$$

联合公式10，对公式11求一阶导数，并令其为零，解得 $\theta = 0.5$。从而得到：

$$W_j^C = 0.5 \times W_j^A + 0.5 \times W_j^B \qquad （公式11）$$

由此可见，在组合权重分别与主客观权重的两种偏差的平方和最小的情况下，最佳的组合权重结果是主观权重与客观权重各占50%，说明主客观对指标重要程度认知相同。

4.2.2 基于组合赋权的综合评价模型

4.2.2.1 数据的标准化处理

（1）当 x_{ij} 为正向指标时

$$v_{ij} = \frac{x_{ij} - \min(x_{ij})}{\max(x_{ij}) - \min(x_{ij})}(i = 1,2,\cdots,n; j = 1,2,\cdots,m)$$

（公式12）

（2）当 x_{ij} 为逆向指标时

$$v_{ij} = \frac{\max(x_{ij}) - x_{ij}}{\max(x_{ij}) - \min(x_{ij})}(i = 1,2,\cdots,n; j = 1,2,\cdots,m)$$

（公式13）

其中，x_{ij} 为第 i 个评价对象的第 j 项评价指标的观测数据，v_{ij} 为某一年第 j 个评价对象的 i 项评价指标标准化处理后的数值。

4.2.2.2 综合评价模型

设 Z_i 为第 i 个评价对象的综合评价得分，根据线性加权综合评价公式，则 Z_i 为：

$$Z_i = \sum_{i=1}^{n} W_j^C v_{ij}$$

（公式14）

其中，v_{ij} 为各指标标准化处理之后的数值，W_j^C 表示第 j 个评价指标的组合权重。

4.3 河北各地航天产业转移承接能力评价

4.3.1 数据的收集与处理

根据表4－1所示的评价指标体系，收集河北省的石家庄、承德、张家口、秦皇岛、唐山、廊坊、保定、沧州、衡水、邢台和邯郸十一个地区2012年的相关基础数据。数据主要来源于各个地区国民经济和社会发展统计报告和各类统计年鉴等，数据收集结果如表4－4所示。

表4-4 航天产业转移承接能力评价指标赋值表

	指标	单位	石家庄	承德	张家口	秦皇岛	唐山	廊坊	保定	沧州	衡水	邢台	邯郸
航天产业吸引力 B1	D_1	万元	3.84	3.46	3.57	4.57	4.52	4.54	3.49	4.04	3.29	3.79	3.80
	D_2	万元/亩	178.91	171.18	70.84	131.46	229.18	117.56	60.97	82.68	41.26	141.86	133.87
	D_3	万元	1.34	1.16	1.15	1.27	1.56	1.57	1.18	1.19	1.19	1.21	1.24
	D_4	百亿元	19.16	3.50	4.40	4.54	15.35	5.68	11.74	7.88	4.32	6.24	9.74
	D_5	个/平方千米	11.06	4.08	5.06	4.27	5.31	16.77	11.44	29.08	20.45	13.70	8.31
	D_6	万元/平方千米	35.39	15.10	13.95	15.80	40.34	49.51	29.17	73.89	29.73	34.53	46.10
	D_7	个	13	1	6	6	6	13	8	10	6	9	12
航天产业接纳力 B2	D_8	百万人	153.78	54.21	48.60	28.38	145.00	36.20	164.60	98.41	39.34	93.75	181.71
	D_9	百万吨	287.55	81.50	93.10	71.70	416.49	111.75	226.85	308.03	60.38	143.33	343.84
	D_{10}	亿元	97.80	23.36	29.07	27.90	65.78	44.48	73.62	45.64	21.98	34.69	46.17
	D_{11}	个	393.46	109.47	97.14	534.18	169.22	242.56	121.26	68.9	36.51	66.14	62.16
	D_{12}	个	432.27	457.95	405.91	517.34	478.61	365.91	326.28	361.26	316.86	342.72	383.50
	D_{13}	%	89.95	84.33	83.32	86.62	90.98	88.94	86.10	88.65	81.30	84.31	87.31
	D_{14}	吨标准煤/万元	1.19	1.17	1.43	1.04	1.80	1.19	1.04	1.21	1.22	1.48	1.52
航天产业发展力 B3	D_{15}	%	10.31	19.95	21.61	17.55	8.36	14.94	14.10	11.08	15.91	16.33	12.55
	D_{16}	%	1.42	0.54	0.49	1.32	0.99	0.47	1.51	0.27	0.41	0.63	0.81
	D_{17}	%	13.04	12.00	9.98	10.47	13.06	13.26	8.86	11.44	9.78	9.83	13.89
	D_{18}	%	71.31	68.99	27.03	64.91	42.23	84.74	66.24	48.33	85.09	73.60	36.43
	D_{19}	%	3.22	4.85	4.38	4.77	4.61	4.36	2.44	3.10	2.64	2.51	2.95
	D_{20}	件	3447	282	259	1199	1798	1473	2714	1049	956	976	1162
	D_{21}	百亿元	37.28	10.22	11.84	7.39	30.66	13.14	19.88	19.50	6.78	12.58	23.84
	D_{22}	%	88.78	82.17	96.70	109.28	61.23	104.51	58.43	44.97	69.84	75.98	60.88

由表 4-4 所示，指标体系内的量纲存有显著差异，为了消除数据间的量纲差异，采用公式 12、13，对上述指标进行标准化处理，标准化处理的结果见表 4-5 所示。

表 4-5　经标准化处理后的评价指标数据表

指标	石家庄	承德	张家口	秦皇岛	唐山	廊坊	保定	沧州	衡水	邢台	邯郸
D_1	0.570	0.867	0.781	0.000	0.039	0.023	0.844	0.414	1.000	0.609	0.602
D_2	0.268	0.309	0.843	0.520	0.000	0.594	0.895	0.780	1.000	0.465	0.507
D_3	0.452	0.024	0.000	0.286	0.976	1.000	0.071	0.095	0.095	0.143	0.214
D_4	1.000	0.000	0.057	0.066	0.757	0.139	0.526	0.280	0.052	0.175	0.398
D_5	0.279	0.000	0.039	0.008	0.049	0.508	0.294	1.000	0.655	0.385	0.169
D_6	0.358	0.019	0.000	0.031	0.440	0.593	0.254	1.000	0.263	0.343	0.536
D_7	1.000	0.000	0.417	0.417	0.417	1.000	0.583	0.750	0.417	0.667	0.917
D_8	0.818	0.168	0.132	0.000	0.761	0.051	0.888	0.457	0.071	0.426	1.000
D_9	0.638	0.059	0.092	0.032	1.000	0.144	0.467	0.695	0.000	0.233	0.796
D_{10}	1.000	0.018	0.094	0.078	0.578	0.297	0.681	0.312	0.000	0.168	0.319
D_{11}	0.717	0.147	0.122	1.000	0.267	0.414	0.170	0.065	0.000	0.060	0.052
D_{12}	0.576	0.704	0.444	1.000	0.807	0.245	0.047	0.221	0.000	0.129	0.332
D_{13}	0.894	0.313	0.209	0.550	1.000	0.789	0.496	0.759	0.000	0.311	0.621
D_{14}	0.803	0.829	0.487	1.000	0.000	0.803	1.000	0.776	0.763	0.421	0.368
D_{15}	0.147	0.875	1.000	0.694	0.000	0.497	0.433	0.205	0.570	0.602	0.316
D_{16}	0.927	0.218	0.177	0.847	0.581	0.161	1.000	0.000	0.113	0.290	0.435
D_{17}	0.831	0.624	0.223	0.320	0.835	0.875	0.000	0.513	0.183	0.193	1.000
D_{18}	0.763	0.723	0.000	0.652	0.262	0.994	0.675	0.367	1.000	0.802	0.162
D_{19}	0.324	1.000	0.805	0.967	0.900	0.797	0.000	0.274	0.083	0.029	0.212
D_{20}	1.000	0.007	0.000	0.295	0.483	0.381	0.770	0.248	0.219	0.225	0.283
D_{21}	1.000	0.113	0.166	0.020	0.783	0.209	0.430	0.417	0.000	0.190	0.559
D_{22}	0.681	0.578	0.804	1.000	0.253	0.926	0.209	0.000	0.387	0.482	0.247

（D_1~D_7：航天产业吸引力 B_1；D_8~D_{15}：航天产业接纳力 B_2；D_{16}~D_{22}：航天产业发展力 B_3）

4.3.2 权重的确定

4.3.2.1 基于 AHP 法确定的指标权重

首先聘请本领域相关专家，获得各层评价因素之间的两两比较判断矩阵，然后按照上述层次分析法计算步骤，求出各层级指标的权重。由于篇幅有限，本书仅以目标层 A 子系统 B 的权数为例，说明计算过程。

（1）根据专家意见，得出 A–B 的判断矩阵

A	B1	B2	B3
B1	1	2/3	1/2
B2	3/2	1	2/3
B3	2	3/2	1

（2）按照和积法的计算步骤，得到按列归一化后的 A–B 判断矩阵为：

$$R = \begin{bmatrix} 0.222 & 0.211 & 0.230 \\ 0.333 & 0.315 & 0.309 \\ 0.444 & 0.473 & 0.461 \end{bmatrix}$$

（3）将各行系数相加得：

$$\overline{W_1} = 0.222 + 0.211 + 0.231 = 0.665,$$

$$\overline{W_2} = 0.967, \overline{W_3} = 1.378$$

（4）将向量 $\overline{W} = [0.665, 0.957, 1.378]^T$ 进行归一化处理，求得一级指标层各指标的权重系数 $W = [0.222, 0.319, 0.459]^T$

（5）根据公式 4 计算判断矩阵的最大特征根：$\lambda_{max} = 3.005$

（6）一致性检验，$CI = \dfrac{3.005 - 3}{3 - 1} = 0.003$，$CR = \dfrac{0.003}{0.58} = 0.005$

< 0.1，满足一致性检验，所求权重值 $W = [0.222, 0.319, 0.459]^T$ 可以使用。

同样，一级指标下的各二级、三级指标的权重计算方法也如上所

示，由此得到评价体系各层指标的权重见表 4 - 6 所示。

表 4 - 6　基于 AHP 法计算所获得指标权重

指标	权重	指标	权重
劳动力成本 D_1	0.105	医疗水平 D_{12}	0.054
土地成本 D_2	0.210	产业结构 D_{13}	0.038
居民消费水平 D_3	0.043	能耗水平 D_{14}	0.115
市场潜力规模 D_4	0.174	政府调控能力 D_{15}	0.315
企业集聚 D_5	0.061	研发费用投入 D_{16}	0.133
产业集聚 D_6	0.092	人才素质 D_{17}	0.200
优惠政策指数 D_7	0.315	产权制度 D_{18}	0.153
客运状况 D_8	0.157	财政分权制度 D_{19}	0.106
货运状况 D_9	0.157	知识产权保护制度 D_{20}	0.074
通信信息水平 D_{10}	0.108	资本形成 D_{21}	0.111
教育水平 D_{11}	0.054	金融发展 D_{22}	0.222

4.3.2.2 基于熵权法确定的指标权重

首先，根据表 4 - 5，即经标准化处理后的评价指标数据表，按照公式 6，计算各项评价指标下相关地区指标值所占比重 P_{ij}，见表 4 - 7 所示。

表4-7 各项评价指标下相关地区指标值所占比重

指标		石家庄	承德	张家口	秦皇岛	唐山	廊坊	保定	沧州	衡水	邢台	邯郸
航天产业吸引力 B_1	D_1	0.099	0.151	0.136	0.000	0.007	0.004	0.147	0.072	0.174	0.106	0.105
	D_2	0.043	0.050	0.136	0.084	0.000	0.096	0.145	0.126	0.162	0.075	0.082
	D_3	0.135	0.007	0.000	0.085	0.291	0.298	0.021	0.028	0.028	0.043	0.064
	D_4	0.290	0.000	0.017	0.019	0.219	0.040	0.152	0.081	0.015	0.051	0.115
	D_5	0.082	0.000	0.012	0.002	0.015	0.150	0.087	0.295	0.193	0.114	0.050
	D_6	0.093	0.005	0.000	0.008	0.115	0.155	0.066	0.261	0.069	0.089	0.140
	D_7	0.152	0.000	0.063	0.063	0.063	0.152	0.089	0.114	0.063	0.101	0.139
航天产业接纳力 B_2	D_8	0.171	0.035	0.028	0.000	0.159	0.011	0.186	0.096	0.015	0.089	0.210
	D_9	0.153	0.014	0.022	0.008	0.241	0.035	0.112	0.167	0.000	0.056	0.191
	D_{10}	0.282	0.005	0.026	0.022	0.163	0.084	0.192	0.088	0.000	0.047	0.090
	D_{11}	0.238	0.049	0.040	0.332	0.089	0.137	0.057	0.022	0.000	0.020	0.017
	D_{12}	0.128	0.156	0.099	0.222	0.179	0.054	0.010	0.049	0.000	0.029	0.074
	D_{13}	0.150	0.053	0.035	0.093	0.168	0.133	0.083	0.128	0.000	0.052	0.105
	D_{14}	0.111	0.114	0.067	0.138	0.000	0.111	0.138	0.107	0.105	0.058	0.051
	D_{15}	0.028	0.164	0.187	0.130	0.000	0.093	0.081	0.038	0.107	0.113	0.059
航天产业发展力 B_3	D_{16}	0.195	0.046	0.037	0.178	0.122	0.034	0.211	0.000	0.024	0.061	0.092
	D_{17}	0.149	0.112	0.040	0.057	0.149	0.156	0.000	0.092	0.033	0.034	0.179
	D_{18}	0.119	0.113	0.000	0.102	0.041	0.155	0.106	0.057	0.156	0.125	0.025
	D_{19}	0.060	0.186	0.149	0.179	0.167	0.148	0.000	0.051	0.015	0.005	0.039
	D_{20}	0.256	0.002	0.000	0.075	0.123	0.097	0.197	0.063	0.056	0.058	0.072
	D_{21}	0.257	0.029	0.043	0.005	0.201	0.054	0.111	0.107	0.000	0.049	0.144
	D_{22}	0.122	0.104	0.144	0.180	0.045	0.166	0.038	0.000	0.069	0.087	0.044

然后，根据公式7、8、9，得到各评价指标的熵值 e_j、差异系数 g_j 和权重 W_j，具体见表4-8所示。

表4-8 各评价指标的熵值、差异系数和权重

指标	e_j	g_j	W_j	指标	e_j	g_j	W_j
劳动力成本 D_1	0.872	0.128	0.041	医疗水平 D_{12}	0.864	0.136	0.044
土地成本 D_2	0.928	0.072	0.023	产业结构 D_{13}	0.920	0.080	0.026
居民消费水平 D_3	0.763	0.237	0.077	能耗水平 D_{14}	0.941	0.059	0.019
市场潜力规模 D_4	0.801	0.199	0.064	政府调控能力 D_{15}	0.908	0.092	0.030
企业集聚 D_5	0.794	0.206	0.067	研发费用投入 D_{16}	0.863	0.137	0.044
产业集聚 D_6	0.846	0.154	0.050	人才素质 D_{17}	0.896	0.104	0.034
优惠政策指数 D_7	0.934	0.066	0.021	产权制度 D_{18}	0.916	0.084	0.027
客运状况 D_8	0.836	0.164	0.053	财政分权制度 D_{19}	0.845	0.155	0.050
货运状况 D_9	0.814	0.186	0.060	知识产权保护制度 D_{20}	0.855	0.145	0.047
通信信息水平 D_{10}	0.817	0.183	0.059	资本形成 D_{21}	0.835	0.165	0.053
教育水平 D_{11}	0.777	0.223	0.072	金融发展 D_{22}	0.908	0.092	0.030

4.3.2.3 组合权重的确定

按照前面介绍的组合赋权方法，结合基于 AHP 法所获得的各评价指标的主观权重和基于熵权法所获得的各评价指标的客观权重，按照公式 11 得到各评价指标的组合权重，具体见表 4-9 所示。

4-9 各评价指标的组合权重

指标	权重	指标	权重
劳动力成本 D_1	0.073	医疗水平 D_{12}	0.049
土地成本 D_2	0.117	产业结构 D_{13}	0.032
居民消费水平 D_3	0.060	能耗水平 D_{14}	0.067
市场潜力规模 D_4	0.119	政府调控能力 D_{15}	0.172
企业集聚 D_5	0.064	研发费用投入 D_{16}	0.089
产业集聚 D_6	0.071	人才素质 D_{17}	0.117
优惠政策指数 D_7	0.168	产权制度 D_{18}	0.090
客运状况 D_8	0.105	财政分权制度 D_{19}	0.078

指标	权重	指标	权重
货运状况 D_9	0.109	知识产权保护制度 D_{20}	0.060
通信信息水平 D_{10}	0.084	资本形成 D_{21}	0.082
教育水平 D_{11}	0.063	金融发展 D_{22}	0.126

4.3.3 评价结果与分析

依据前面所得的组合权重，结合公式14，获得河北11个地区承接航天产业转移能力的评价得分及排名，具体见表4-10所示。

表4-10 河北各地区承接航天产业转移能力的评价得分与排名

地区	产业吸引力		产业接纳力		产业发展力		整体承接能力	
	得分	排名	得分	排名	得分	排名	得分	排名
石家庄	0.474	1	0.420	1	0.501	1	1.396	1
承 德	0.093	11	0.286	6	0.318	5	0.697	9
张家口	0.114	10	0.273	8	0.219	8	0.606	10
秦皇岛	0.227	7	0.326	4	0.392	3	0.945	5
唐 山	0.440	2	0.325	5	0.368	4	1.133	2
廊 坊	0.438	3	0.248	9	0.425	2	1.111	3
保 定	0.226	8	0.372	2	0.258	7	0.855	6
沧 州	0.368	4	0.276	7	0.164	11	0.808	7
衡 水	0.142	9	0.157	11	0.190	10	0.489	11
邢 台	0.281	6	0.236	10	0.213	9	0.730	8
邯 郸	0.350	5	0.337	3	0.281	6	0.967	4

根据河北省各地区的评价得分及排名，可将航天产业转移承接能力划分为以下三类：

第一类城市包括石家庄、唐山和廊坊，对航天产业转移承接能力的得分均在1以上，具有承接航天产业转移的绝对优势。石家庄作为省会城市，经济发展良好、商业贸易繁华、基础配套设施健全和高校集聚等，在对航天产业的吸引、接纳以及接纳后发展上，均位居首位，在承接航天产业转移上具有绝对优势；唐山作为河北经济最发达的城市，拥有丰富的自然资源、雄厚的工业基础、发达的交通体系和良好的市场体系等，在承接航天产业转移上具有显著优势，但由于单位能耗较高、政府调控能力相对较低和产权制度的不健全，使得其产业接纳力和产业发展力排名分别位居第 5 位和第 4 位；廊坊作为"京津走廊上的明珠"，以其天然的区位优势、较发达的交通体系等，建成 2 个国家级开发区和 9 个省级园区，在企业、产业发展和集聚上取得后发优势，在承接航天产业转移上也具有显著优势，但由于配套支持等发展还不是很充分等，使得其产业接纳力水平较低，仅位居第 9。

　　第二类城市包括邯郸、秦皇岛、保定、沧州和邢台，对航天产业转移承接能力的得分在 0.7 ~ 1.0，承接能力处在中间的位置。邯郸是我国历史文化名城也是主城区超百万人口的特大城市之一，拥有丰富的自然资源和良好的交通体系，在河北的经济排名位居前三，但由于产权制度和企业集聚度等相对较低，使得其产业吸引力和产业发展力均处于中间位置；秦皇岛属于港口城市，基础配套设施健全、高校较多、产业结构良好，但由于要素成本相对较高、产业集聚效益相对较低，使得其产业吸引力排名相对落后；保定作为"京畿重地""首都南大门"，拥有良好区位优势、较好的工业基础和科技水平等，但由于人口较多，不少反映人均水平的指标得分相对较低，使得其产业吸引力和产业发展力排名较为落后；沧州是北方重要的陆海交通枢纽，其经济发展水平也位居河北前四，但与其较高的经济总量相比，财政支出、R&D 经费支出、金融机构贷款余额等相对较低，使得产业发展力得分低；邢台是河北省重要的煤炭钢铁能源基地，工业基础较好，但第三产业发展相对较差、科技水平较低、基础配套设施水平一般，使得其在产业接纳力和产业发展力方面排名较为落后。

第三类城市包括承德、张家口和衡水，对航天产业转移承接能力的得分均在 0.7 以下，承接能力较低。承德作为历史名城和特色休闲城市，旅游发达，但工业发展水平一般，特别在企业集聚、产业集聚和开发区建设上较为落后，使得其产业吸引力较低；张家口由于自然条件等限制，使得其工业、科技等发展水平低，集聚效益和基础配套等较为落后，使得在产业吸引力、产业接纳力和产业发展力上都排名落后；衡水位于河北东南部，尽管其地理位置处在天津、石家庄和济南三大城市之间，但由于资源短缺、发展观念滞后等，使得其经济发展水平长期居于河北末位，相应的交通和配套基础设施也发展滞后，使得其在产业接纳力的得分与其他地区相差较大，总体得分水平也相差较大。

第5章　河北承接航天产业的
战略定位与模式定位

基于航天产业综合性强、涉及行业较多的特点，在调查和系统分析河北省各地区要素条件和产业结构特点等的基础上，确定河北省承接航天产业区域定位和产业类别定位；根据河北省各地区的实际情况及承接航天产业的类别特点和转移类型，制定相应的承接模式。

5.1 河北承接航天产业的定位依据

5.1.1 航天产业链的结构及其转移特点

从前面给出的航天产业的概念可知，它是集设计、生产、测试与应用于一体的高技术产业，不仅涉及航天器制造、航天发射服务和航天地面设备制造等，还包括由于航天技术在电子、计算机、冶金、材料、机械、特种工艺、低温与真空技术、测试、控制、测控、气象、船舶、汽车、生物、农业等领域的广泛应用，而形成的材料、通信、信息、能源、生物、环保等产业，也就是说，从最初的研究设计到最终的航天产品和航天应用，所形成的整个航天产业链条十分庞大，而且任何一个核心部件或子系统都可成为一条完整的产业链。我们这里按照航天产品形成与应用的阶段，可将其粗略划分为四个阶段，即研究设计、生产加工、系统集成和发射与衍生服务，具体见图 5-1。

指标论证 方案论证 初样、试样 设计与生 产定型	外围部件 基础部件 核心部件	调试检测	技术推广 商业运作 民品开发
型号研究	零部件制造	检测	衍生服务
研究设计 →	生产加工 →	系统集成 →	发射与衍生
预先研究	原材料供应	总装	航天器发射
先期技术 开发 应用研究 基础研究	高端材料 终端材料 低端材料	组装生产	发射准备 航天器控制 航天器跟踪
非关键技术 研究可转移	除部分核心 部件和材料 外可转移	部分检测环 节可转移	部分发射服 务和所有衍 生服务可转 移

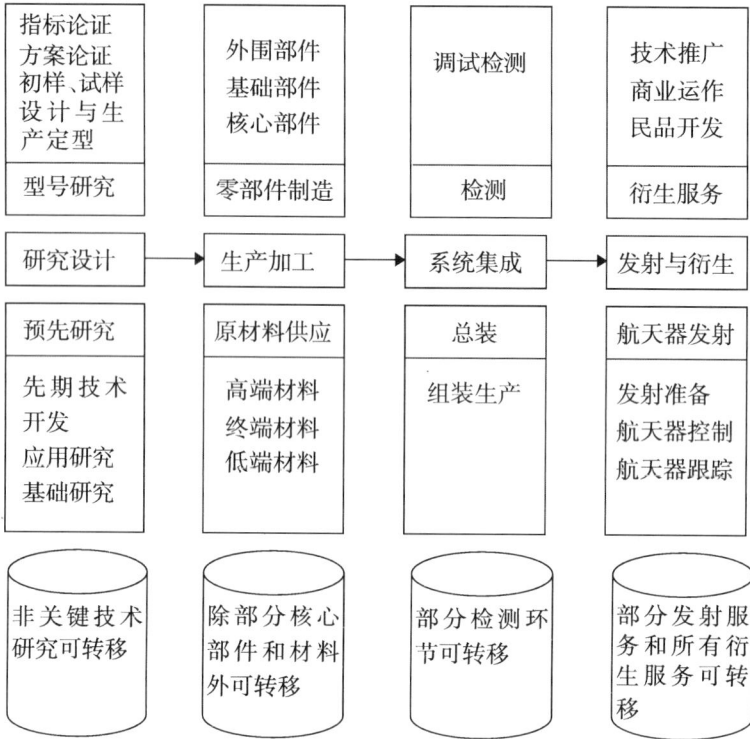

图 5－1　航天产业链结构

（1）研究设计

属于航天产业链的上游，主要包括预先研究和型号研究两个阶段，其中，预先研究主要是为了提供技术储备，通过有选择地开展技术集成和先进技术演示验证，突破关键技术，为在役和未来国防项目性能的改进和提高提供适用的技术成果，其研究范围包括：基础研究、应用研究和先期技术开发；[91] 型号研究是根据使用部门提出的要求，运用已有科研成果和成熟技术，通过设计、试制、试验和定型等工程活动，提供实用的武器装备的过程，又称工程发展阶段，其研究内容包括：指标论证、方案论证、初样与试样、设计定型与生产定型。

（2）生产加工

属于航天产业链的中间环节，包括原材料供应和零部件制造。由于航天产业涉及的学科与行业众多，其零部件更是数以百万计，制造材料包括钢铁、有色金属、橡胶、玻璃、石棉、陶瓷、纤维等，制造方式包含铸造、冲压、锻造、机械加工与热处理等程序，零部件检验合格后，再运到总装配厂进行组装。[92]

（3）系统集成

属于航天产业链的核心环节，总装配厂的组装过程包括机体焊接、涂装、部分零部件预组装，乃至最后整机装配等，而且，在发射前还需通过各种不同条件下的检验与测试。另外，由于航天产业零部件制造环节的经济特征比较复杂，以动力系统、电子控制系统等为代表的核心零部件或系统，技术要求严格，通用性不强，也比较接近于航天器系统集成环节。

（4）航天器发射和衍生服务

属于航天产业链的下游，其中航天器发射包括发射准备，如各类保障航天器发射的仪器设备和准备工作；航天器控制，主要是保障其进入预定轨道的服务项目等；航天器跟踪，主要是掌握航天器在轨道运行期间的各类情况，这期间需要涉及各个中介结构和工程技术服务部门等。衍生服务包括技术推广、商业运作和民品开发，如向市场提供卫星导航定位系统、卫星遥感应用系统、卫星转发器租赁、软件、工业控制计算机、太阳能电池、特种泵阀、风能发电系统、汽车空调系统等产品和服务。

随着国防工业组织管理体制改革和军民融合度提升，航天两大集团已开始进一步调整和优化科研生产能力结构，将航天型号和军民结合型重大项目的系统设计、关键技术与系统集成等研制生产能力，作为整体式航天高科技企业集团的主业发展，形成"小核心"，而一般配套和加工能力立足全社会布局，形成基于国民经济基础的"大协作"。另外，在航天研发、生产和系统集成等过程中，产生了一大批先进的技术，这些技术通过二次开发和推广转移，形成航天产业与材料、通信、信息、能源、生物、环保等产业相互交叉且共同发展的局面，由此而形成的各类企业，按其发展要求布局到各个地区。

结合本书第三章研究内容，可知航天产业转移的推力、拉力、阻力和排斥力等四力在市场机制，特别是在当前的京津冀一体化趋势下，随着政府调控作用的加大，航天产业向河北地区的转移趋势将进一步加强。而按照上述航天产业链条各环节特点，在研究设计方面，非关键技术研究开发可转移；在生产加工方面，除部分核心部件和材料外，一般部件和材料的生产加工环节可转移；在系统集成方面，部分检测环节可转移；在发射与衍生方面，部分发射服务和所有衍生服务均可转移。

5.1.2 河北各地发展规划及承接情况

在 2014 年河北省政府工作报告中，提到要加快推进现代种业发展，提高农业综合生产能力，大力发展食品加工业，推进农业龙头企业和现代农业示范区建设；要大力改造提升传统产业，实施龙头带动计划和产业链升级工程，加快老工业基地调整改造；落实钢铁、水泥、玻璃产业结构调整方案，推动企业兼并重组，支持建设用钢产业园区；壮大战略性新兴产业，大力发展新能源、电子信息、生物医药、新材料、高端装备、节能环保等新兴产业；推进国家光伏规模化应用示范省建设，启动新能源汽车推广应用工程，实施海洋产业振兴工程，推动卫星导航、遥感数据应用等空间信息技术产业化，支持24个国家级和20个省级新兴产业基地加快发展；大力发展生产性服务业，促进服务业和制造业融合发展，支持现代物流、研发设计、检验检测、云计算和物联网服务等重点领域发展，抓好32家省级现代物流产业园区发展；支持节能环保服务业发展，推广合同能源管理；增多做强金融主体，支持银行、保险和证券业加快发展；加快发展生活性服务业，发展文化创意、动漫游戏等新兴业态，等等。[93]

进一步，对石家庄、承德和张家口等 11 市的 2014 年政府工作报告进行分析和总结，其产业发展规划如下所述。

（1）石家庄

大力发展战略性新兴产业，重点支持生物制药、电子信息、高端装备制造、新能源汽车等战略性新兴产业，同时，加快建设高新技术开发区、经济技术开发区、正定新能源汽车产业园等六大战略性新兴产业园区。围绕钢铁行业提高品质、纺织服装行业提档升级、建材行业清洁生产、化工行业改进工艺，大力改造提升传统工业。支持企业与驻石高校和科研院所联合组建技术开发平台，建成科技资源统筹转化中心和科技创新综合服务基地。以现代物流业、金融服务业、信息服务业、交通运输业、商务服务业为重点，促进服务业与制造业融合发展。

（2）承德

加强与中国建材、大唐国际、航天科技、保利集团、首农集团等央企京企的合作。以发展节能环保、智能化仪器仪表、汽车零部件、自动输送机仓储、矿山采掘、石油机械等装备制造业为重点，加快壮大先进装备制造业；建设环首都科技成果孵化园区，积极培育高新技术产业。拉长产业链条，做大做强钒钛新材料产业。全力打造千万千瓦级风电、千万千瓦级水电调峰电源、千万千瓦级太阳能发电三大清洁能源基地。大力引进知名物流企业，培育一批以运输、仓储、装卸、加工、整理、配送、信息等功能为一体的现代物流配送中心。

（3）张家口

强化与北京各级政府、科研院所、医疗机构和高等院校的全面对接，促进与央企京企的战略合作，重点在高新技术、新兴产业等方面。做大做强南山汽车产业园、西山机械制造园、张北经济开发区、怀来新兴产业示范区等重点园区，加快建设中瑞中小企业国际合作园、国家应急产业园。在新区谋划"硅谷"模式的高科技新城项目，大力发展新兴产业，重点推动科技研发、先进制造、新型能源、农产品精深加工、文化旅游、商贸物流、金融服务和养老医疗八大产业加快发展。

（4）秦皇岛

加大对接京津的工作力度，深化在科技创新、产业发展、教育教学、生态保护、城市规划等领域的合作。围绕建设先进制造业、战略性新兴产业、现代服务业"三大高地"，持续深化央企、知名民企、外企、引智入秦行动。大力推进秦皇岛开发区节能环保及韩国、欧洲产业园和中国台湾产业园的建设，努力打造全省节能环保产业基地，加快北戴河新区总部经济、海洋产业等园区建设，抓好动漫旅游城等重大基础设施和重点项目建设。

（5）唐山

制定落实推动精深加工和商品开发的扶持政策，加快产品由中端向末端、由末端向商品的迈进；坚定有序化解过剩产能，通过腾笼换鸟和创新驱动，努力在调整中形成新的产业和竞争力。大力发展战略性新兴产业，进一步壮大新能源、节能环保、生物医药、电子信息等产业规模；做大做强现代物流、金融保险、科技研发、工业设计等产业，促进制造业与服务业的快速融合发展；谋划实施一批重点物流园区，培育壮大金融市场主体，大力发展证券、担保、融资租赁等多种金融业态。

（6）廊坊

深化对接京津，推进规划衔接、产业对接、功能承接、交通连接。以改造提升传统产业企业为带动，加快传统产业转型升级；以培育壮大战略性新兴产业企业为带动，建设一批新一代信息技术、高端装备制造、生物医药、新材料、新能源等行业领军企业。以扶持现代服务业企业为带动，促进现代物流、研发设计、金融服务、云计算等生产性服务业发展，推进现代物流和金融后台园区建设。加快河北航天遥感应用创新中心建设，加快廊坊市创新创业科技园、固安肽谷生命科学园、龙河高新区科技成果孵化园等平台建设，推动科技企业创业发展。

（7）保定

以"一核两组团"为重点区域，打造首都功能疏解的支撑点、京津产业转移的承接地、外资进入京津乃至北方市场的桥头堡。大力发展汽车、新能源、电子信息、生物医药、新材料、节能环保等新兴产业，改造提升纺织服装、食品、建材等传统产业；大力发展现代物流业，推进"宽带中国"和"智慧城市"建设。规划建设河北省科技创新平台，加强与北京高等院校、中关村和国内外科技型企业战略合作。加快以保北低碳新城为核心的高端装备制造基地建设，加快高碑店节能环保产业基地、涿州和涞水及涞源战略新兴产业基地，以及涿州义和庄空港产业基地建设。

（8）沧州

加快打造黄骅汽车产业园、中捷石化产业园、临港石化产业园；做大做强临港物流贸易，加快建设煤炭、矿石、建材、化学品等"八大交易中心"和电子商务、综合保税"两大服务平台"，打造临港物流集散基地；重点培育发展新材料、新能源、电子信息、生物医药等战略性新兴产业；支持盐山、孟村管道装备制造业发展，鼓励泊头机床制造、南皮五金机电、东光纸箱机械等特色产业转型升级；积极发展生产性服务业，加快引进国际国内大型物流企业，大力发展大宗商品、电商交易，推进多式联运，构建集仓储、运输、信息服务于一体的综合物流系统。

（9）衡水

依托工程橡胶打造铁路交通工程设施及装备制造业，依托丝网打造功能材料及制品制造业，依托"养元"和"老白干"等打造食品及生物制品制造业，依托玻璃钢打造节能环保及新能源产业，依托橡塑制品打造物料输储设施及装备制造业，依托铁塔钢构打造电力通讯设施及装备制造业。加强园区（开发区）建设，力争工业新区晋升国家级开发区，桃城经济开发区等5个园区晋升省级园区，加快现代农业园区建设，培育现代农业发展的示范区。抓住京津功能疏散、产业转移和京津冀战略合作机遇，全面开展对接京津活动。

（10）邢台

支持市开发区加快发展，沙河经济开发区申报国家级高新技术产业开发区；重点发展新能源汽车产业，成立汽车产业发展促进机构，同时，推进雨润农业产业园、君乐宝奶牛养殖基地等项目，继续抓好"百千万"特色高效农业示范园建设；大力发展生产性服务业，支持3个省级物流集聚区加快发展，启动"华北商谷"国际物流城、平乡内陆港建设；培育发展电子商务、服务外包、信息消费、家政服务、健康养老等新兴服务业；支持龙星、今麦郎、兴达申报国家级企业技术中心，推动临西轴承、平乡自行车产业技术研究院建设。

（11）邯郸

加快冀南新区开发建设，重点推进节能环保产业园、台湾产业园等"园中园"建设，打造全国重要的先进制造业基地。加快钢铁产业整合重组，重点发展新材料、先进装备制造产业，培育发展节能环保、电子信息、航空航天、新能源、生物等产业，加快718所科研成果、硅谷化工特种纤维产业化步伐，推进新能源汽车发展和动力电池产业化建设。大力发展商贸物流业，谋划建设现代物流园区，发展服务外包、电子商务等新兴业态，加快发展健康服务业。

由此可见，在河北省几个地区的未来产业规划中，基本都强调借助京津冀一体化，加大产业转移和承接；都强调加快战略性新兴产业的快速发展，如新能源、电子信息、生物医药、新材料、高端装备、节能环保等，而这些均与航天产业密切关联；部分有一定航天产业发展基础的地区，甚至直接提出要加快卫星应用等的发展。因此，结合本书第四章中对各地区承接航天产业能力的综合评价结果，河北省各地区承接航天产业转移的能力分以下三个层次：第一个层次是石家庄、唐山和廊坊，它们在承接航天产业转移上具有显著优势；第二个层次是邯郸、秦皇岛、保定、沧州和邢台，它们在承接航天产业转移上处于中间位置；第三个层次是承德、张家口和衡水，它们的航天产业承接能力较低。围绕该评价结果，结合各地发展规划和航天产业转移特点，对其区域定位和产业类别定位进一步细化，具体详见以下的章节内容。

5.2 河北承接航天产业的战略定位

5.2.1 河北承接航天产业转移的区域定位

台湾科技产业在向长三角地区进行转移时，选择承接城市的两个基本考虑因素是：一是距离上海市的远近，二是城市的综合实力，即承接科技产业转移的能力。在此基础上，王芳等发现：台湾科技企业等在长三角投资分布可划分为三个层次，上海、苏州、无锡三个城市为第一层次，由于三地经济实力强、比较优势突出，引资量占到投资总量的73.4%；南京、宁波、杭州、绍兴、南通、嘉兴、常州、镇江和湖州九个城市为第二层次，由于经济基础和投资环境较好，也吸引了较多投资；舟山、扬州和泰州三个城市为第三层次，因距离上海较远、再加上经济实力弱，引资量较少。进一步，从投资产业类型来看，上海多为资金密集型和技术密集型产业，上海周边地区则偏向于当地的优势产业和生产加工型产业，在要素上更偏向于利用当地的劳动力和自然资源。[94]

事实上，在指导产业空间发展布局的"核心—边缘"模式中，强调产业在发展的初级阶段，是经济相对发达的核心区域对经济较为落后的边缘区域的控制，以及边缘区域对核心区域的依赖；随着核心区产业的不断发展壮大，为了更有效地开展资源配置和整合，实现成本的降低和利润的提高，开始进行产业扩散和辐射，带动边缘地区相关产业的发展；最后，随着边缘地区相关产业的不断发展，又逐步形成区域次级核心，而且甚至可取代原来的核心区域的控制。由此可见，"核心－边缘"强调的是核心地区为了促进资源整合和结构优化，借助产业扩散和地理辐射，延伸产业链条，而落后地区通过参与产业分工，实现自身影响力提升和经济不断发展，实现与核心发达地区区际差距的减少。

因此，河北在承接航天产业的区域定位中，首先要充分发挥石家庄、唐山等承接能力强的"区域龙头"辐射作用；其次要处理好中心地区和边缘地区的关系，这关系到河北航天产业发展的速度，如果没有区域腹地的协调配合，中心城市推进航天产业梯度转移升级的努力也很难见效。另外，从上面的各地区产业发展规划来看，虽然都强调发展战略性新兴产业，但存有地区产业定位雷同和产业布局相似的问题，很容易在承接航天产业转移过程中，出现一窝蜂现象和窝里斗问题，导致河北各地原本就较为分散的产业集群无法做大做强。所以，在区域定位时不仅需要政府通过政策杠杆予以协调，还需要进行城市间和园区间的产业定位，内部形成一种引资合作机制，有效规范各地的协同发展模式。

结合前面章节内容的论述，考虑到航天产业可能向河北转移的内容和项目（后面有详细论述），结合各地发展情况和承接可能，可将河北地区承接航天产业的区域定位进行如下划分。

（1）石家庄、唐山、廊坊和保定四个地区作为承接航天产业的核心地区

石家庄作为河北的省会，是河北的政治、经济、科技、金融、文

化和信息中心，企业总部和高校较多，商业贸易发展良好，基础设施和配套较好，承接能力最强，具体可承接航天研发、核心部件和材料生产加工以及卫星应用和新能源等知识密集型和技术密集型项目；唐山作为河北经济最发达的地区，具有资源丰富、工业基础雄厚、交通体系完善等优势，承接能力强，具体可承接航天核心部件和材料生产加工及航天育种技术、新材料、新能源、环保等技术密集型和资金密集型项目；廊坊作为河北省的新兴发展城市，借助其优越的地域优势，在经济、社会和科技等方面所取得的显著成效，以及地区各类园区载体的完善和基础配套条件的逐步完善，承接能力强，具体可承接航天核心部件和材料生产加工、研发试验、卫星应用等技术密集型和资金密集型项目。保定虽然在承接能力上排名未进前三名，经济发展也居中，但由于其紧邻北京，特别是京津冀一体化上升到国家战略以来，保定一直是对接京津的先头兵，再加上保定地区科技资源良好，已开始承接和发展航天产业。因此，从未来发展角度，将其放置于核心区，主要用于承接航天核心部件和材料生产加工、研发试验和新能源、环保等技术密集型和资金密集型项目等。

（2）邯郸、秦皇岛、沧州、邢台、承德、张家口和衡水七个地区，是承接航天产业的边缘区域

邯郸、沧州、邢台等地区，经济发展水平相对较好、基础配套设施等相对较为健全，秦皇岛虽然工业基础一般，但科教人才发展良好、区域优势显著，它们的共同特点是与北京相距较远。因此，一方面，可围绕自身产业发展重点，承接节能环保、电子信息、新能源、新材料和生物等技术密集型和资金密集型航天技术应用项目；另一方面，可围绕上述四个核心区航天产业发展重点，积极开展合作，形成相关产业技术互动，二次效益显著的格局。

对于承德、张家口，两地区均距离北京较近，经济发展水平一般，基础配套设施一般，但土地和劳动力资源要素成本较低。因此，

一方面，承接航天一般部件和材料生产加工配套等资源密集型和劳动密集型项目，另一方面，结合自身实际和发展规划，承接新能源、新材料和环保等资金密集型和技术密集型的航天技术应用项目。

衡水，经济发展水平相对最差，地理位置优势也缺乏，相关配套等有待完善，但土地和劳动力资源要素成本相对最低。因此，可结合自身优势，为石家庄、保定等航天产业做加工配套，衍生两地航天产业链条。最终，形成核心区与边缘区有机互动的良好态势，以推进河北地区航天产业的持续发展。

5.2.2 河北承接航天产业的类别定位

5.2.2.1 河北各地区承接航天产业的已有亮点

（1）在航天产品制造和航天技术应用方面

在航天产品制造方面，石家庄地区的中电科 54 所、13 所是目前河北省航天产业的主要支撑单位，2012 年实现销售收入 83.2 亿元，曾参与"两弹一星""载人航天""嫦娥工程"等国家重大工程建设任务，在通信、卫星导航定位、航天航空测控、航天电子信息系统与综合应用、微波射频及核心元器件等领域具有较好基础。另外，邯郸地区的中船重工 718 所、保定的中国乐凯集团、秦皇岛的星箭公司等单位为神舟飞船等航天产品研制和发射提供零部件配套和服务，也形成较好的生产加工能力。在航天技术应用方面，卫星广播通信、导航、遥感等航天技术应用产业快速发展，"数字发行""远程教育""智慧城市"等卫星技术应用工程正在推进实施，其中航天科技、航天科工、中电科等央企引进合作成果日益显效，石家庄卫星应用产业基地、卫星导航运营服务中心、高碑店航天育种基地、沧州光热产业基地等合作项目加紧建设，辐射带动相关联产业集聚发展。

（2）在航天产业基地建设方面

中国航天科技集团、中国航天科工集团在保定的涿州、涞水，廊坊的固安、三河等地布局建设航天产业园和研发试验基地，一批重大项目落户河北建设，与此同时，一批以航天技术应用为主的产业园区也已开始运营或正在开始建设。

在石家庄地区，正在规划建设的石家庄卫星导航产业园，重点推进中电科 54 所、中国资源卫星应用中心、中国航天科技集团卫星应用研究院与河北省科学院、河北省地理信息局等的深化合作；正在谋划建设卫星综合应用产业基地，重点发展卫星导航、卫星遥感、卫星数据应用等业务，建成北方重要的卫星导航服务、芯片及终端设备研发生产、质量检测实验平台、政府地理信息政务共享服务平台和国家级卫星资源与环境遥感动态信息服务体系。

在唐山地区，已建成的中国唐山航天育种产业化示范基地，主要包括太空育种繁育基地、太空农业休闲观光、太空农业生产示范、航天农产品加工配送四大区域，是集航天科普教育、航天技术研究、航天技术成果展示和推广、产业示范为一体的高科技产业园区，而且为当地和周边地区的科学技术普及、农村的发展、农民的增收起到促进作用。正在规划建设的中国航天新能源产业园，依托中国航天万源国际（集团）有限公司，规划占地 320 亩，投资 10 亿元，主要从事锂离子电池生产和系统集成，并进行海上风电场的开发建设。

在廊坊地区，初具规模的固安航天产业基地，依托中国航天科技集团，建设航天新型号研制和新技术攻关及能力提升所需要的系统级、大型综合试验能力，建成航天飞行器结构强度和环境工程实验研究中心；建设航天型号氢氧发动机零件生产、部组件装配焊接及工艺装备、非标设备、地面设备研制配套能力和先进材料验证能力，推进民用航天科技成果应用和产业化。正在建设的三河航空航天产业基地，依托中国航天科技集团五院技术优势，在北京卫星制造厂三河基地的基础上，与河北企业和高校、科研单位联合，加快航天技术向民用领域和成果转化，推进高效集成冷热源系统、风电滤波器、二次电源等技术产业化，建设航天技术应用产业孵化及生产基地和高技能人才培训基地。

在保定地区，正在建设的保定航空航天产业基地，依托中国航天科工集团所属中国乐凯集团有限公司，建设航天新材料研发生产基地，重点发展锂电子电池隔膜、太阳能电池背膜、高阻隔膜、磁记录材料等航天所需材料，提升航天薄膜材料配套能力，推进民用航天科技成果应用和产业化。

在沧州地区，已建成的航天神州太阳能光热产业园，主要建设太阳能集热管制造生产线、试验研发中心、科技推广中心和检测中心等。建成后形成年产中高温太阳能真空集热管 30 万支，集热场 30 万平方米的生产能力。

总体而言，在良好的政策环境下，如河北省政府《关于加快培育和发展战略性新兴产业的意见》等已将航空航天产业列为重点发展的战略性新兴产业；在京津冀一体化大势下，依托已有的航天产业发展基础，航天产业转移河北以及在河北发展的前景良好。

5.2.2.2 河北承接航天产业的类别定位

航天产业是集设计、生产、测试与应用于一体的高技术产业，它不仅涉及航天器制造、航天发射服务和航天地面设备制造等，还包括与其技术应用联系密切而形成的材料、通信、信息、能源、生物、环保等产业。因此，在确定航天产业承接的类别定位时，要结合河北地区实际，遵循产业分工与互补的一般规律，在四个方面实现产业对接：第一，承接北京航天产业链条中的劳动密集型生产加工制造环节，把河北建成航天产业体系内有影响力的加工制造基地；第二，依托河北地区现有的科技研发基础以及加工制造比较优势，培育航天配套性协作产业；第三，以产业互补支持市场互补，特别是现代育种方面和卫星导航应用方面，通过大力推进航天育种技术和卫星导航技术，发展相关产业，提高其在全国市场的占有率；第四，对适宜引入河北地区的航天科技成果，要通过市场化方式，实施技术嫁接，改造河北传统产业，促进产业升级。本书在此围绕航天产业链的不同环节，特别是航天技术应用产业，分析河北地区对接重点和对接空间。

（1）研发与试验测试

航天研发环节主要涉及预先研究和型号研究两个部分，其中，预先研究中的先期技术开发，主要是综合运用应用研究成果和实际经验，通过部件或分系统原型的研制、试验、测试或计算机仿真，验证其可行性和实用性，为武器装备研制提供技术依据，研究的针对性较强，是"技术基础"通向武器型号研制的桥梁。[95]而型号研究中的方案论证，需要进行原理性试验验证，确定最佳方案。初样阶段，需对初样产品开展单机性能试验、环境模拟试验、可靠性试验，以及分系统各项试验和系统总体试验，完善研究方案；试样（正样）阶段，需要一系列全面性能的考核试验，全面鉴定产品的设计和基本工艺；设计定型与生产定型阶段，需要进行补充飞行试验，全面检验武器系统战术、技术指标和维护使用性能。由此可见，在航天科研生产体系中，研究与试验检测密切相关，但由于航天技术研发的多学科交叉性、创新性及保密性等，对人才素质和科研设备等要求非常高，转移到河北的可行性低，但试验测试环节以及由部分试验测试开展而进行的研发可转移到河北，其较高的科技含量以及由此带来的研发创新（由于航天试验复杂度高、技术含量水平高、知识涉及面广，试验测试人员在开展试验、进行数据分析和实验结论获取过程中，常能激发出更多的创新思路，创造更多的新技术、新产品。[96]），对推进河北地区产业结构升级具有意义，而河北与北京航天研发总部在地理位置上的接近性，再加上不少地区拥有较好的经济科技优势，而且还能提供广泛的承接空间，可行性非常高，为此，河北需要加大对试验测试环节的承接。

目前，一批航天试验检测项目已在一些承接优势明显的地区进行开展，如在保定建设航天大型发动机试验基地，开展中国航天科技集团大型发动机实验。在廊坊，引入航天科技集团一院十二所的制导控制实验区项目，以及引入航天科技集团一院十四所的燃气流综合防热实验室项目。还有些在谈项目陆续也将进入廊坊和保定，如航天科技集团一院，在廊坊建设中国航天科技大型综合试验及生产基地，不仅开展综合试验、电磁试验和环境试验，还进行结构件制造及基础设备研发等；航天科技集团十一院，在廊坊建设中国航天科技气动综合试验生产基地，用于十一院科研、试验、生产及其配套使用，并新建气动综合研究平台、风洞和飞行实验平台；航天科技集团六院十一所，在廊坊建设中国航天科技军民融合产业区，成为发动机试验基地、特种泵阀、热能工程等新能源化工装备制造基地；航天科技集团九院，在廊坊建设中国航天科技电子综合试验基地，用于九院的电子综合试验；航天科技集团一院，在保定建设中国航天科技涞水试验基地，用于火工品试验等。未来，随着航天发射任务量等的加大，航天试验检测向河北地区转移的趋势会进一步加强，河北可将其产业布局进一步扩展到张家口、承德等近邻北京的区域，以更好推进当地科技经济发展。

（2）生产加工环节

航天产品品种多、批量小，属于典型的单件、小批量生产类型，相应的配套零部件与材料等类型繁多，表 5-1 按照航天器零部件分类目录给予具体大类说明，各大类中又有许多具体小类。以电子元器件为例，一般运载火箭每发箭使用电子元器件约 2 万~3 万只，每颗卫星使用电子元器件 2 万~6 万只，而载人航天工程使用电子元器件则达到 13 万只。[97]具体类型包括：各类新型电子元器件、半导体分立器件、电声器件、光电子产品、液晶显示器、无源器件、电阻、LED 显示器、电子管和真空管、电容、电位器、电源、继电器、连接器、微特电机、印制电路板、集成电路、特种电路等，具体又可细化为：电阻、电容、电位器、陶瓷、石英晶体及磁性元器件、可控硅、半导体分立器件、真空器件、热缩材料、绝缘材料、电子工业用塑胶产品、电力电子元器件、传感器件、接插件、连接器件、电子开关、数字板表、滤波器、继电器、电路板、集成电路、印刷电路、散热器、充电器、电线、电缆、电子变压器、铁芯、线圈、模块、整流器、稳压器、微电子机械、光电子器件、机电组件与通用元件、特种元器件等。

表 5 – 1　航天器零部件分类目录

类　型	内　容
航天材料与工艺	航天用金属铸锻材料，航天用非金属材料，复合材料与固体燃料，热加工工艺，冷加工工艺
航天器零部件	紧固件，管件、卡箍、密封件、机械配件、构件、弹性元件，电子元器件，传感元件，电气装置用结构件，航天用起爆点火装置，航天用液压元件与附件
航天器附件	航天器动力系统，航天器控制导引系统，航天器稳定系统，航天器遥测遥感系统，航天器用能源设备
航天地面设备	地面测试设备，地面测控设备，地面控制与导引系统，运输、吊装与加注设备，发射、发控设备，地面能源设备
航天器制造用设备	刀具，量具，夹具，模具，工具，飞机制造专用设备，航天器制造专用设备

由此可见，围绕航天发射器总装和系统集成，形成了数百类零部件配套，数以百万的零部件数，其加工配套企业既有国有企业，也有民营和合资企业等，既布局在北京航天总部周边，也分布在全国各地。目前，随着航天器发射量加大、天津大火箭制造的稳步推进等，相应的配套生产项目任务量的急剧增加，产品种类也不断扩大，为了

扩大生产规模或降低企业生产要素成本，就开始向北京周边或其他地区进行转移。河北由于地理位置接近，再加上基础配套条件较为完善，成为不少航天加工配套企业的首选地。如北京航天振邦精密机械有限公司投资 20 亿元，在廊坊开展航天振邦精密机械加工项目；北京航天凯撒国际投资管理有限公司投资 2 亿元，在保定开展生产轻质刚性铝合金衬塑复合管道项目。与此同时，河北原有航天加工配套企业，也借此扩大规模，满足供给需求，如承德天大钒业有限责任公司，利用承德当地丰富的钒钛资源优势，投资 15 亿在承德开展航空航天用中间合金生产线项目，生产航空航天、军工、生物医药工程用中间合金，等等。因此，一方面，充分利用河北环京津地域优势，积极承接航天加工配套项目转移，但在承接时对技术水平一般、环境污染型的项目要慎重考虑；另一方面，要积极引导地方企业加入航天产品加工配套体系，与航天转移项目或企业形成联动优势，最终形成产业集聚效应。此外，按照上述区域定位，有序形成航天加工配套的产业梯度，如核心区重点承接发展航天基础部件和终端材料等项目，而外围区特别是经济科技发展水平一般的地区重点承接发展外围部件和低端材料等项目。

（3）航天技术应用项目

在 2014 年河北省政府工作报告中，提出要大力发展新能源、电子信息、生物医药、新材料、高端装备、节能环保等新兴产业，各地区在 2014 年的政府工作报告中也结合自身实际提出了上述新兴产业的发展构想。而与航天技术应用存有密切相关的产业也是新能源、电子信息、生物医药、新材料、高端装备和节能环保，有专家预测在"神九"背后，超过万亿元规模的航天技术应用产业正在加速成熟。[98]在 2011 年，河北省与航天两大集团签署的战略合作协议中，强调希望借助航天技术优势，积极培育卫星应用、卫星导航、新能源、新材料和高端装备制造等战略性新兴产业。

以下对上述对接的重点和内容做以介绍。

①新材料。

航天材料包括运载火箭箭体材料、火箭发动机材料、航天飞行器材料、航天功能材料等。具体到细分层面，包括钛合金等轻合金，高温钛合金、金属间化合物等高温金属结构材料，碳纤维、芳酰胺纤维等复合材料增强体材料，环氧树脂、双马来酰亚胺树脂等复合材料基体材料，先进金属基及无机非金属基复合材料，先进碳／碳复合材料及先进功能材料。这些新材料技术及产品均已广泛应用于国民经济各领域，有统计显示在近年来开发使用的 1100 多种新材料中，80% 左右是在航天技术的牵引下完成的。另据《新材料产业"十二五"发展规划》，到 2015 年，我国将建立起具备一定自主创新能力、规模较大、产业配套齐全的新材料产业体系，新材料产业总产值达到 2 万亿元，年均增长率超过 25%，可见新材料的市场空间非常广阔。目前，航天两大集团内部已形成了一大批航天新材料技术成果，并有不少已形成产业规模，如乐凯集团在芳纶无纬布及制品、薄膜材料、印刷材料和图像信息材料等方面的产业化，安康本材料公司在碳纤维材料的产业化，山由帝杉防护材料制造有限公司在有机薄膜材料的产业化，博诚新材料公司对钛合金的产业化等；另外，还有一批新材料技术成果在航天各个院所和企业正在孵化和中试。

②新能源。

一般航天新能源技术应用主要涉及以下几方面：第一，用于火箭发动机的各类推进剂，如液氢液氧技术，以及由此形成的低温氢氧技术、相关装备和推进系统等；第二，将太阳能、风能转化为电能的相关技术，如太阳能电池、风力发电以及由此形成的相关设备、能效系统等；第三，用于航天器短期供电的化学电池技术，如氢燃料电池以及由此形成的相关配件和设备等。由此可见，由上述技术产业化而形成的太阳能、风能、氢能等，正是国家所鼓励的，具有巨大发展潜力的新能源产业。事实上，发展新能源产业已经成为世界能源产业的一个重要趋势，许多国家已开始实施新能源替代战略，并出台了一系列法规政策来鼓励新能源产业发展。我国新能源产业发展虽然较晚，但政府在陆续出台了一系列与之配套的行政法规和规章后，新能源产业进入快速发展，年增长率达到25％。目前，以航天科技集团为主各研究院所和企业，已形成了一大批航天新能源技术成果，并有不少已形成产业规模，如航天万源国际公司对风电技术的产业化、神州硅业的多晶硅技术产业化、乐凯集团的太阳能电池技术产业化、航天新能源股份公司的气态能源技术产业化等；另外，还有一批航天新能源技术在各院所正进行孵化和中试等。

③卫星应用。

卫星应用是指将卫星及其开发的空间资源用于经济社会发展和国防建设而形成的技术、产品和服务的统称。其内涵包括狭义和广义两方面，其中狭义的卫星应用，主要是对卫星信息进行直接传输、接收和处理，并形成服务的相关技术和设备，目前应用范围最广、产业规模最大的主要有：卫星广播电视业务、GPS终端及应用、地理信息系统（GIS）应用三大业务；广义的卫星应用，主要是基于天基信息（卫星导航、卫星遥感、卫星通信）支撑下的信息系统集成和服务，如以信息化软件平台和云计算等为核心的物联网、智慧城市等业务。[99]由于卫星应用的实时性和广阔性等，使其应用领域遍及通信广播、交通、导航、远程教育、资源普查、环境监测、气象、海洋、农业、林业等诸多行业、领域，近年随着应用卫星空间资源地不断完善，使得卫星应用产业市场前景非常广阔。据美国卫星工业协会（SIA）数据统计，2012年全球卫星应用（狭义）产业收入达到1693亿元，国内近年在相关政策支持下，作为战略性新兴产业，近五年年增长率达到20％，保持了飞速发展势头。目前依托中国东方红卫星股份有限公司、亚太卫星控股有限公司两家上市公司和航天信息股份有限公司等，开展从卫星产业前端的卫星制造、空间段运营服务和数据源，到中端的天地信息融合服务和系统集成，再到末端的芯片的整个卫星产业链运营。另外，一批卫星应用技术成果也正在孵化和中试中。

由此可见，上述航天技术应用项目拥有广泛市场前景，而且发展势头迅猛。因此，河北需要紧抓机遇，借助较好的工业基础和广阔的市场空间，大力承接和发展航天技术应用项目。一方面，借助河北现有的航天技术应用项目基础，如中电科 13 所、54 所在石家庄的卫星导航兼容芯片及终端产业化、中船重工 718 所在邯郸的核电站氢气复合装置和监控系统项目、新兴能源装备股份有限公司在邯郸的智能化 LNG 天然气（油田气）新能源物流储运装备产业化项目、沧州天瑞光热技术有限公司在沧州的太阳能集热管制造项目、河北硅谷化工有限公司在邯郸的芳纶纤维及系列制品产业化项目等，在扩大发展现有产业项目规模基础上，衍生航天技术应用产业链，将部分劳动密集型生产制造环节向衡水等周边地区转移；另一方面，积极关注那些孵化中试后的新材料、新能源和卫星应用技术等，推进其在河北的产业化，并将其有目的地向石家庄、邯郸、沧州等地区转移，形成产业集聚，与此同时，引导部分与当地重点发展产业密切相关的航天技术应用项目，向唐山、廊坊和保定等地域优势和经济科技优势显著的地区转移，进一步发展壮大航天技术应用产业。

5.3 河北承接航天产业的模式选择

所谓的产业转移承接模式是指在承接产业转移过程中，基于特定的外部和内部环境因素以及它们之间的相互影响与组合，使得产业在承接转移过程中体现出资源的跨区域再配置，也就是说产业承接模式是对生产要素组合方式的阐释，反映的是劳动力、土地、科技和人才的综合利用。[100] 目前，关于产业承接模式，并没有一个统一的共识，梁云等结合全球范围内已完成的前三次产业转移浪潮特点，将产业承接类型分为：东亚模式、珠三角模式和苏州模式等；[101]邓丽基于生态文明视角，提出三种产业承接模式创新，包括：跨梯度承接产业转移模式、生态化链式承接产业转移模式和网络型产业配套承接产业转移模式[102]，等等。为了更准确地确定河北承接航天产业的模式，需要先对其转移模式进行分析。

5.3.1 航天产业转移的模式

航天产业转移的机理我们在上述章节中已有详细阐述，它强调的是在各种力的相互作用下，实现空间区位的移动，根据航天产业转移演进过程中的变动差异，可将其转移类型，按照以下方式进行划分。

（1）基于产业链条特点的划分

从产业转移链条特点的角度看，可将产业转移划分为集群性转移和选择性转移两类：

一是集群性转移。这是一种规模大的产业转移模式，不仅包括转移企业，还有与其密切联系的上下游生产配套企业也相继从某一地区转移至另一地区。这种集群转移模式强调的是转移的整体性和网络关系的复制性，对转出地影响较大，相应的各方面阻力也大。符正平等通过实证研究得出，由于集群内企业间存有长期的合作关系以及较高的信任度，而且这种社会关系网络可发挥较高程度的管理控制功能，会使企业尽可能开展选择性转移；另外，不少集群企业为应对复杂多变的环境，往往会尽可能地获得多方面的信息和资源，这些具有网络异质性的企业，由于资源整合能力强，更多的是独自前往承接地，而不是集群性转移。[103]由此可见，对于航天企业这种社会网络联系强度高，再加上涉及领域众多、企业社会网络异质性大，集群性转移不太可能发生。

二是选择性转移。集群中的企业只转移生产链上某些环节并把那些有着清晰的和长期竞争优势的战略活动保留在原地，比如研发设计和营销，因为这些活动存有更多地从长期认知中间接受益的隐性知识，所以依赖于空间上的接近性，距离远了会导致这种认知，如信任等下降。在这种转移模式下，由于关键活动仍留在原地，有利于促进转出地长期竞争优势的保持和提升，相应受到的阻力也较小，同时也有利于承接地的发展。在国内航天产业的转移模式中，这种模式居多。

（2）基于区域间发展水平的划分

从区域间发展水平的角度看，可将产业转移划分垂直型转移和水平型转移两类：

一是垂直型转移。梯度是指由于生产要素禀赋、发展战略、产业基础等的不同，使得地区间在经济发展与产业结构水平上形成的一定的阶梯状差距。我们这里的垂直型转移，既包括传统式的梯度转移，即由于某一产业、产业某一环节在转出地不再具有比较优势时，转移到那些存有梯度差的地区，并成为这些地区相对先进或具有相对比较优势的产业；同时也包括新兴的顺梯度工序型转移，转移客体进一步深入到工序层面，成为基于产品价值链的工序间顺梯度转移和协作生产，在此种模式下，发达地区主导产品的创新、开发及核心部件的生产，新兴发展地区依据自身在应用技术上的优势，从事产品的主要零部件生产，而相对落后地区，凭借自身非熟练劳动力优势，开展零配件的生产。如航天产业中的生产加工环节的转移。

二是水平型转移。水平型产业转移的最初内涵是指，产业转移地在自身并不退出某一产业或产品的基础上，将该产业或产品向其他地区转移，以实现对其他地区市场的占领，一般其转移的前提是转移地和承接地生产要素禀赋相近。随着分工的进一步细化，水平型产业进一步深入到工序间，而且转移的方向也从单向的、分化式的转为双向的、融合式和平行渗透式的转移；从原有的竞争式转为互补式、联动式发展，通过工序间的合作，形成合力，共同开拓市场及建立竞争优势，可以说这是一种新型的知识型分工。[99]如航天产业研发环节的转移。

（3）基于转移动机的划分

在转移动机的角度看，可将产业转移划分为成本驱动型和市场开拓型两种形式：

一是成本驱动型。是指在成本的驱动下发生的某些产业由某一地区转移到另一些劳动力资源丰富、资源环境容量较大、综合商务成本较低的地区的现象。[104]唐运舒等进一步提到，成本驱动型转移是市场激烈竞争的必然结果，是在地区间资源禀赋存在差异和经济发展不平衡的基础上形成的，也就是说，产业要想发生转移，在这种模式下，产业承接地的土地、劳动力、税务等综合商务成本必须要低于产业转出地。河北地区上述各要素成本要远低于京津地区，不少航天生产加工及试验环节等的转移就是成本驱动型的体现。

二是市场开拓型。是指转出地区的一些产业为了进一步扩大市场份额和开发新市场，而在目标市场（承接地）进行产业投资和生产能力的扩大。一般，这种转移模式产生的原因有如下：第一，转移企业由于自身产品受到市场销售半径的限制而开展跨地域扩张；第二，从现有装配制造环节向研发设计和市场服务等高附加值环节移动。由此可见，转移地区与承接地区之间存有梯度性市场需求和技术差距，是这种模式发生的前提。[105]当前，航天产业中的技术应用项目等的转移不少就是基于这种模式。

5.3.2 河北承接航天产业转移的模式

根据上述航天产业转移模式的分析，结合河北实际，提出以下几种承接模式。

（1）特色产业园区承接模式

特色产业园区是指地方政府根据地区发展规划，围绕某一类航天产业链条环节或某类航天技术应用产业进行集聚发展，采取集约化经营模式，为承接产业提供专业性的、特色的和齐全的配套设施环境，如航天的保密性、科研生产的群体协作方式，要求在园区规划和建设设计等方面要有别于一般园区，同时还需为入驻企业提供高附加值的配套服务，如物业服务的独特性等。

目前，河北省已经建成或正在规划建设一批航天特色产业园，以有效承接和发展航天转移产业，如已建成的固安航天产业基地、唐山航天育种产业化示范基地、沧州航天神州太阳能光热产业园，正在规划建设的石家庄卫星导航产业园、曹妃甸航天新能源产业园、三河航空航天产业基地、保定航空航天产业基地。这些园区以航天为特色，主要目的是：通过促进相似或关联产业及其支撑机构的有效集聚，实现园区土地资源的集约化经营，实现人才、资金和技术等资源的有机协同和循环式运作，实现项目的优化组合和链条式发展，进而使各类要素资源的生产效益实现最大化。

未来，随着承接规模的扩大，以及河北各地航天产业的快速发展，一批更具主题特色的特色产业园还将陆续建设。在具体建设时需要关注以下因素：第一，在建设的地理位置上，要布局在城区附近，这样既能够低成本获取土地资源和劳动力资源等生产要素，也便于充分利用城区良好的基础配套设施；第二，要明确入园准入要求，围绕特色产业园主题和园区规划，按照产业链条延伸的原则，妥善安置入园项目，形成上中下游关联的企业集群，而且要根据项目投资总额、投资强度和建筑容积率来严格控制用地规模；第三，组织管理上，要围绕园区产业特色建立规范科学的管理制度，促进园内公共资源和基础设施实现共享，保障园区协调发展和有效运转，从而提高园区整体竞争力；第四，要注意特色文化建设，利用园区内企业在长期发展中形成的比较密切的关系及其在企业价值观上的共同之处，推动园区内共同"企业文化"的形成。最终，通过政府的统一规划、市场机制的充分发挥、公共服务平台建设水平的提高等，借助龙头企业、骨干企业的引进和带动，促进关联企业和相似产业的集聚，从而提升园区整体产业化发展水平。

（2）填补链条式承接模式

这种承接模式主要是通过承接产业链条的某一环节，使承接地已有产业的链条完整或实现延伸，从而使承接地某一产业的上下游企业间能够衔接起来，形成关联效应。例如，河北地区的钢铁制造工业基础扎实，通过补联方式，借助航天应用技术项目，积极承接涉及高端装备制造和生产性服务业，以促进形成完整的产业链条，同时也能进一步促进金融、物流等现代服务业的发展。

目前，在研发测试上，河北已在廊坊和保定开展制导控制实验区项目、燃气流综合防热实验室项目，以及正在谋划的中国航天科技大型综合试验及生产基地、中国航天科技涞水试验基地、中国航天科技气动综合试验生产基地、中国航天科技军民融合产业区、中国航天科技高端装备制造项目和中国航天科技电子综合试验基地等，如何在此基础上进一步开展测试项目的设备研发和装备制造，需要积极承接相关转移项目；在卫星应用上，石家庄已经依托中电科 13 所、中电科 54 所，开展卫星导航兼容芯片及终端产业化项目，并且谋划建设石家庄卫星导航产业园，如何引进卫星制造、空间段运营服务和数据源，以及天地信息融合服务和系统集成，形成完整的卫星应用产业链条，虽然还有很长的路要走，但也是未来承接的重点。

在填补链条式承接模式上，需要关注的还有：第一，在招商中，要根据整个产业链的填补开展招商，要注意引进项目的产业关联性，使得引入项目与企业能与已有产业链条结合起来；第二，要对河北现有航天产业企业进行有序梳理，对各种生产资源优化组合，推进要素间的合理流动，积极开展研发和推动成果转化，争取占领产业链前端，等等。总之，通过填补链条的承接方式，吸收大量不同产业的企业集聚，促进企业之间的互动作用、自我强化并导致主辅关系的明显化，从而形成一个比较稳定、健全的产业网络创新体系。

（3）合作共建式承接模式

该模式是指技术领先一方，即产业转出地企业，以技术做价出资形式把技术投入一个现成的企业进行生产，现成企业对进行合作生产的高新技术产品实行独立核算，技术提供方按合同规定的比例获得相应收入的高新技术产业化模式。[106]该种模式强调合作双方依据彼此优势采取互惠方式发展伙伴关系，出资者借助已有资源在投入较小的基础上获得先进技术，而技术提供者通过技术转让价格的获取可弥补前期的技术研制开发费用，而且这种合作方式还可延伸为产品相互 OEM 代工、相互采购零件、相互交叉投资，从而借助双方优势互补，在较低的风险、较低的成本下，共同完成高科技产业的商品化、技术化和国际化。

目前，不少河北当地企业，如安平县金普五金丝网制品有限公司、承德天大钒业有限责任公司、河北硅谷化工有限公司、秦皇岛星箭特种玻璃有限公司、河北通辉科技有限责任公司、河北航凌电路板有限公司、邯郸硅谷新材料有限公司等，一方面，积极参与航天产品配套零部件、材料等供应，与航天相关企业形成合作伙伴企业；另一方面，部分企业正积极探索与航天相关企业开展交叉投资、技术占股等合作模式，以共享优势互补。未来，在航天技术应用项目中，这种合作共建模式也可得到更大的应用。

合作共建模式需要注意的主要是：第一，要明确双方合作模式，并要明确双方所占股份比例，以及收益分享方式；第二，要组建较为简单的组织结构，该机构由出资方负责，以便于开展经营活动；第三，要注意协调技术移交与保证技术提供方利益。

第6章　河北承接航天产业
转移的政策建议

通过前面分析，河北与航天产业存有诸多互补性，在京津冀一体化和军民融合战略背景下，河北需要通过政府引导、区域协调，优化航天产业承接环境，延伸航天产业链条，达到规避劣势、优势互补和合作共赢，以共同取得河北航天产业在国内外市场的竞争优势。本书在对现有相关政策措施梳理和分析的基础上，力求进一步提出具体可操作的政策建议，具体分为硬环境建设政策建议、软环境建设政策建议和竞争性环境建设政策建议。

6.1 硬环境建设政策建议

虽然河北省与其他航天产业集聚地区相比在吸引航天产业转移上存有一定的劣势，但仍然可在现有不足的基础上，集中资源，改善投资硬环境，带动产业配套发展。即借助京津冀一体化契机，加快交通、运输、通信、水电配套等基础设施建设，同时充分利用河北的地域优势，突出强调其配套、服务和创新体系等的助推作用。

6.1.1 借力京津冀一体化，推进河北协调发展

在京津冀一体化战略机遇下，通过对河北城镇功能的重新定位，实现各城市与京津两地间，以及各城市间的优势互补，并通过基础设施完善和科学布局，有效集聚资源要素，扩大城市腹地，不断增强城

市的带动和辐射作用。

（1）优化城镇功能定位，扩大辐射作用

城市化与工业化相辅相成，随着工业化水平的提高，工业经济越来越居于城市经济的主导地位。从整体看，北京已处于后工业化时代，河北虽然整体仍处于工业化中期，但部分城市已开始进入工业化后期，辐射作用开始逐步显现。特别是京津冀一体化上升至国家层面以来，对区域功能给予全新定位：覆盖承德、张家口等的西、北部地区为生态保护和生态产业发展区，覆盖北京、天津、廊坊、唐山等的中部地区为优化调整区，覆盖石家庄、保定、沧州等的南部地区为制造业与耕作业区，覆盖唐山、秦皇岛、天津、沧州等的东部为滨海临港产业发展区。相应的河北结合京津冀一体化定位设想，提出了优化城镇化布局的意见，具体包括：以建设京津冀城市群为载体，充分发挥保定和廊坊首都功能疏解及生态建设的服务作用，进一步强化石家庄、唐山在京津冀区域中的两翼辐射带动功能，增强区域中心城市及新兴中心城市多点支撑组作用，将首都周边的一批县（市）建设成规模适度、特色鲜明、设施完善、生态、宜居的卫星城市，并依据重要交通干线，培育壮大重点城镇发展轴（带），促进发展要素向城镇集聚，构筑层次分明、梯度有序、分工明确、布局合理的区域城镇布局结构；要强化石家庄省会职能，增强对冀中南地区的辐射带动作用，要充分发挥秦皇岛、唐山、沧州等沿海地区城市的港口优势，促进港、城、产一体化发展，增强辐射带动作用；发挥冀中南地区列入国家重点开发区的优势，推动邯郸、邢台和中原经济区的深度融和发展；加强张家口、承德等北部地区城市的环境保护力度，建设服务首都的特色功能城市；积极培育定州、辛集等省管县，加快向新兴区域中心迈进。

总体来看，按"轴线理论"，发展廊坊、保定等区位优势、经济基础较好的城市为环首都核心城市群，形成城市轴线，吸引资金、产业等向轴线及两侧集聚，产生新的经济增长点；加快建设张家口、承德等区位优势良好、经济基础一般的城市，发展绿色生态经济，形成服务首都的特色功能城市；增强石家庄省会城市功能，全面提升其综合服务功能，实现对冀中南的辐射带动作用；加快建设邯郸、邢台等区域中心城市及唐山、沧州、秦皇岛等临港城市的辐射，协调发展中小城市，逐步形成石家庄省会城市经济圈、廊保环首都经济圈、邯邢中心城市经济圈和唐沧秦临港经济圈。另外，要重点培育廊坊、保定等环京津城市，优先成为交通中心、物流中心和要素市场中心，成为承接航天产业转移最活跃的地区，同时，加强石家庄、唐山等地区的技术、人才和市场资源优势，积极引导大型航天高新技术企业投资。

（2）完善基础设施建设

基础设施是推进经济社会协调发展的基本条件，也是一个地区综合实力和现代化程度的重要标志。随着京津冀一体化上升到国家战略，交通一体化成为京津冀协同发展的优先领域，河北在对接京津交通建设也取得了较大发展。2014年，全长435公里、全程8车道的京港澳高速公路河北段改扩建工程提前建成通车；京昆高速公路河北段北延工程、京台高速公路廊坊段等"断头路"建成通车；全年建成通车高速公路9条路段、620公里，高速公路通车总里程达到5888公里，由全国第三位上升到第二位。而且2015年进一步加大交通固定资产投资，预计达到1020亿，确保京昆石太北线、张承等5条路段、350公里建成通车，确保曲港、津石等10条路段、638公里开工建设等。

然而，河北地区基础设施发展状况与航天等高科技企业期望还存有一定的差距，据相关企业反映，不少地区的供电设施较为落后，尤其在遇到特殊天气或者供电高峰时，断电问题极大妨碍了企业的生产运营；在交通方面，地区间交通发展不平衡，相对落后地区的交通发展滞后，而经济较好的地区，市内道路建设规划也滞后于城市发展，私家车与公共交通工具的增加与当前发展缓慢的道路和停车设施矛盾加大。此外，教育、医疗、生活环境、社会治安等配套设施状况也非常重要，好的投资环境与生活环境对吸引航天产业的转移影响较大，同时也是吸引各类人才、解决河北当前人才虹吸效应问题的根本。而河北在厕所、污水处理等设施建设水平还较为落后，建后管理也还不到位，医疗卫生设施、学校建设整体发展水平一般且各地区间发展不均衡问题突出。目前，已出现在吸引航天产业转移时落后于其他地区的问题，其中，基础设施的不完善是一个很大的隐患和诱因，如何完善河北基础设施，加快对接京津，对吸引航天产业有着不可替代的作用。

第一，要抢抓京津冀一体化建设机遇，树立起大交通发展意识，加大公路、铁路和港口的联合组团建设力度，大力发展多种方式的联运，真正实现水、陆、空立体交通体系建设，全面打通各市域连接周边的高速公路、增加互联的高速通道，完善区域综合交通运输网络体系。

第二，要加快完善城市道路网络系统，综合布局主次干道和支路，提高支路网密度，并结合城区改造，打通断头路和卡脖路等。要加快推进供水设施改造，实现所有城市和县城建成标准规范的城市统一供水系统，提高供水保证率和质量；要加强城市配电网建设，更新供电设施，使城市用电智能化，提高用电效率及供电能力；加强城市污水处理设施建设和管理，按照"全收集、全处理"要求，谋划新的污水处理厂和污水配套管网建设；加快各类垃圾处理设施建设，同时对不达标的生活垃圾无害化处理场进行改造。

第三，要加大各类学校的建设和投入，把教育作为财政支出重点领域予以优先保障，使教育投入总量与教育事业发展的实际需求相适应，同时充分调动全社会办教育的积极性，扩大社会资源进入教育的途径，特别是对教育发达地区的办学机构的引入；要加大医疗设施和文化设施的建设和投入，积极探索体制机制创新，使其设施网络日趋完善、服务运行机制逐步健全、服务能力明显提升。

第四，要加快建设现代物流业，以河北省及各地区现代物流发展规划为契机，加快构建河北省现代物流业基本架构，积极推进物流业的开发，加速提升河北现代物流业的水平。

6.1.2 加快培育航天产业链立体化互动集群

（1）搭建平台，加快产业集聚

航天产业作为河北嵌入式产业，要通过体制机制创新，实现航天产业在河北地区的根植式发展，为此需要开展以下几个平台的建设工作。

一是建立航天科技研发与成果转化平台。首先，充分发挥航天两大集团各研究院所科研优势，积极吸引相关航天科技研究进入河北，并组建河北航天科学与技术研究院，引领河北航天产业发展。其次，加快建设北华航天工业学院，充分利用该校与航天五院共建的"航天工程制造工艺研发中心"，与航天九院共建"电子工艺工程技术研究中心"及河北省航天遥感信息处理与应用协同创新中心等科技创新平台，开展航天技术应用研究；鼓励河北其他高校和科研院所从事航天科研与技术研发，并建立起技术对接沟通合作机制。最后，加快建设航天科技转化平台，依托航天两大集团强大的技术储备，借助京津冀一体化契机和河北良好的地域优势，通过为航天领域相关项目交易提供技术成果筛选、技术成果价格评估与论证、技术成果许可和转让及代理咨询、技术市场调查和商务谈判、法规法律和知识产权保护等服务，促进航天技术在河北交易落户。

二是建立航天交流合作平台。对外，积极承办各类国际性和全国性的航天技术与产品的展示交流、合作洽谈活动，搭建产学研交流互动平台，推动河北地区高校、科研机构、企业与国内外先进技术接轨，为河北高校院所参与科技合作，为河北航天企业参与国内外航天项目的分包、转包，创造机会；在此基础上，要建立规范有效的航天合作网络，在国内外开展广泛的项目合作，做大做强河北航天产业品牌。对内，要打造中小企业与航天产业对接的服务机构，充分挖掘省内中小企业对航天产品与技术的需求信息，通过专业的信息搜集、甄别、筛选、加工等技术手段，有针对性地为其寻求航天产品、技术、人才与航天市场等多方面的合作伙伴，有效促进中小企业与航天大企业、航天科研院所的多渠道合作，降低中小企业研发、生产成本，提高中小企业自主创新能力和竞争实力。

三是建立航天人才的培训平台。第一，北华航天工业学院作为国家国防科技工业局、航天两大集团与河北省政府共建的一所公办普通本科院校，以及服务国家（航天）特殊需求人才硕士专业学位研究生教育试点单位，支持和鼓励其发挥人才培养优势，积极培养航天产业应用型技术人才；第二，引导和支持河北工业大学、燕山大学等院校的相关机构和学科从事航天技术研究，在增强河北地区航天研发实力的同时，也能为航天产业发展培训一批高素质、高水平的人才；第三，积极创造条件，支持航天两大集团在河北建立人才培训基地，为河北航天产业发展提供人才支持、智力支持。

四是建立航天产品物流服务平台。航天产品复杂且种类较多，涉及机械、冶金、化工、材料、电子等众多领域，对物流有特殊要求；另外，由于航天产品在研制、生产、试验、运输和贮存等环节都存有产生影响环境的污染物，如固体火箭发动机在生产、试验过程中产生的有害粉尘、硫化氢和三氧化二铝等，以及液体火箭发动机生产试验中产生的甲醛、苯系物和氮氧化物等，对循环物流系统就有迫切需求。因此，需要在航天产品配套重点地区，通过整合各种基本物流与特殊物流，形成航天产品物流平台，不仅可以满足航天产业链内各相关企业制造、生产活动所需的仓储、配送等方面的物流需求，同时也可有效解决废弃物排放及回收利用问题。

（2）加大招商引资，提高集聚的专业化水平

在上述平台建设基础上，围绕现有航天产业园区和基地的打造，重点引进互补性强、关联性大的产业和企业，产生产业关联效应；同时，要积极在现有引进项目基础上，借助航天产业在全国的产业链布局和增资扩产趋势，紧抓机遇，突出重点领域，打造特色的航天投资产业群，做专做精，促进航天产业集群化发展。具体招商举措有以下五个方面。

一是突出市场导向，加强项目谋划。第一，要建立组织保证，成立相应的专门机构，按照统一模板进行谋划征集、论证筛选和包装策划，避免规划不一致的问题；第二，以国家政策为导向，结合对航天两大集团投资发展动向及产业转移方向的跟踪和判断，依托地域特色和发展基础，适时更新、谋划和储备新项目，增强对航天项目的吸引功能；第三，建立招商反馈机制，定期对项目、园区等的招商情况进行反馈，避免出现重复招商和多头招商等问题。总之，要建立航天产业项目谋划和招商引资的长效机制，实现与市场良好的对接。

二是推进产业集聚，做强招商载体。第一，要摸清底数，使招商工作有的放矢，包括承接航天产业转移地区有哪些优势、劣势，有哪些资源，是否具有替代性，以及要明确现有企业在行业内的地位、在产业链中处于什么地位，能否直接引进或能否开展合资，等等；第二，要将各类航天特色园区、基地和开发区作为招商引资的重要载体，通过引入航天龙头企业，吸引那些为其配套的企业入园发展，进而带动园区产业集聚，实现土地等资源的集约化利用。

三是明确招商方向，突出区域重点。第一，要突出重点，结合上述提出的区域定位和产业定位，围绕航天产业链环节，制定产业引进指导目录，开展定向招商；第二，要通过"走出去、请进来""定点拜会""小分队驻点"等方式寻找航天企业资源，特别是加强与各大

企业、科研院所以及相关的行业协会、各类商会和中介机构的联系，固化合作关系，从而使他们充分了解要投资的地区、项目、市场，并激发他们的投资兴趣，争取引入更多的航天项目。

四是强化专业招商，注重工作实效。第一，要成立一支专业化的招商队伍，并对其开展系统的招商技巧、政策措施、省情区情、航天知识培训，使其专业技能和业务能力满足航天招商需求；第二，要保持招商队伍的稳健性，通过健全组织机制和激励措施，实现招商人员的专人专用，减少人员流失率；第三，积极探索新型招商模式，如聘请专业人员和机构开展代理招商和中介招商等，实现多点招商、齐头并进；第四，要突出小团队招商、点对点招商，提高效率，并强化在谈项目和签约项目的落实和跟进。

五是提升服务质量，合力营造招商新高地。第一，当地区比较优势接近的时候，决定因素则是政府的服务，这就要求政府在减少审批事项、简化审批手续、开展一站式服务和一个口子收费上，切实提高服务效率、降低企业负担；第二，建立企业信息沟通和协调机制，提供信息咨询、投诉受理的渠道，营造出尊重企业、保护企业和支持企业的和谐氛围；第三，要成立专门的品牌营销小组负责承接地区的品牌营销，通过口碑宣传、专栏电视节目、报纸及杂志上的平面广告、网络宣传、投资说明会、直接约谈和拜访、行业展览会等形式，全面、系统、多渠道地进行地区宣传。

6.1.3 借鉴先进经验，推进航天特色园区建设

（1）借鉴新竹科技园区的先进经验

受全球能源危机对台湾重化工产业的严重影响，台湾为了发展后续工业，加快推动台湾地区产业结构升级，经过调研考察，于 1980 年 12 月，建立新竹科技园。按照科学化、国际化的建设思路，通过借鉴欧美发达国家的经验，采用政府主导、政产学研有机结合的模

式，调动各方资源和力量，推进人才、技术、市场、资金和生产等的紧密结合，最终形成一个上、中、下游结构完整和外围产业支持体系健全以及具有灵活机动特性的有机体系。

其特点如下：

在市场定位上。新竹科技园的成功并不是以技术创新和走价值链的高端，而是通过 OEM 代工和加工制造进入到英特尔、AMD 等跨国公司的生产线，成为跨国公司一道或几道生产工序的专业加工部门，为跨国公司生产某种零部件及相关的配套产品。这种方式，可有效回避园区发展初期企业规模小、研发能力弱的不足，能够最大化的减少企业运营风险、降低市场进入壁垒、节约各种营销费用和充分利用自身的要素禀赋，最终通过相关企业集聚，与跨国公司形成"你中有我、我中有你"协作互补局面，成功融入世界高技术产业经济体系。

在产业定位上。结合世界高技术产业发展的大潮，以及美国硅谷高科技企业出于降低成本而转移技术、生产流程的趋势，新竹科技园在成立之初，就确立了电脑、集成电路、光电通讯、精密仪器和生物工程技术等前景广阔的高科技产业。然后，按照引进-消化-出口的发展路径，使高科技产业在园区内获得快速发展，成为台湾地区经济转型发展的典范，也成为世界高新技术园区成功的典范。

在政策支持上。新竹科技园区当局制定了一系列鼓励和刺激投资的法规制度，优惠力度几乎与保税区一样，如园区内企业进口的自用机器设备、原料、燃料、半成品、物料及货物等均免征税捐；在园区内购买厂房及有关建筑物，免征契税；园区内企业前 5 年免税，企业正式营业前 9 年内连续免缴所得税，以后每年缴付的所得税不超过盈利的 22％。另外园区的地皮、厂房也非常便宜，园区以相当低廉的价格将建设完备的设施和厂房出租给厂商，如被认定为对科技有特殊贡献的工业投资，则可减免土地租金 5 年，等等。[107]

在招商引资上。园区围绕主导产业，制作详细的产业引进名目，规定企业只可以投资产业名目上的项目，以规划竞争机制。另外，鼓励留学人员抱团回来创业投资，由于这些人大多在国外是亲戚、同学和朋友等关系，所以在项目的选择上往往会选择互补型项目，其产品或者是园内企业生产所用的零部件、或者是成果转化后形成的配套产品，这种互补共生的上下游产品关系，使得引进企业自然而然地形成了创新链和利益链，能够经受得起外部市场的冲击。

由此可见，新竹科技园区属于典型的产业驱动模式，其吸引企业入驻的原因在于园区能为进驻企业提供成熟的配套产业链条；另外，园区内企业大多是生产制造型企业，但专业化程度相当高，配套协作呈现常态化；还有，地方政府对科技园区的政策指导、制度安排和资金支持，以及园区与周边高校及科研机构的紧密互动，有力促进了园区的健康运行。

（2）加强航天特色园区建设

建设航天特色园区，就需要提供航天企业所需的特有的服务、功能和政策等，并通过各类资源要素整合和特色专业分工，形成一个集配套、物流、金融、人才和市场有机协同的特色产业集聚平台。

第一，在航天特色园区建设初期，园区所在地政府要认知园区建设的意义和目标，要明确园区的发展模式和功能定位，并注重航天特色园区规划与地区的产业发展规划、城市发展规划等进行有机结合，避免出现内耗问题，实现资源的优化配置；要集中布局、集中产业及项目等，突出产业特色，避免与其他园区的恶性竞争，实现有序分工、共轭互补；要明确入驻企业的资源需求和功能定位，力求量身定做，在个性化、专业化方面求深、求细，既能实现对项目控制的有的放矢，也能确保产业发展有一个好的载体。

第二，园区所在地政府要出台和落实促进航天特色园区发展的各类优惠政策，并借助一些宣传手段使入驻企业能够了解和利用相关优惠政策，尤其是特色化资源和政策，使得企业根据不同的政策环境和资源供给状况，选择合适的路径，匹配正确资源，结合政策扶持，做到科学稳步推进。与此同时，要鼓励企业加大技术投入，加强与相关高校院所开展技术交流和战略合作，鼓励其吸引各类人才落户，提高企业的自主创新能力或引进消化吸收再创新的能力，进而推进航天特色园区自主创新能力的整体提高。

第三，完善配套功能，按照建社区标准，大力完善基础设施，并在此基础上，还要建设金融、娱乐等方面的配套设施，以确保航天产业发展有一个好的载体；要以集约化、科学化发展观念为主导，通过科学测算企业用地规模，鼓励园区厂房多层建设，并规定企业的建筑密度、绿化率、投资密度等各项指标，引导企业少占地、多生产。要在重点引进大型龙头企业的同时，着力引进一批配套互补企业，促使企业之间既有互相竞争又有资源共享和分工协作，从而形成园区的协同效应；要完善物流体系，积极扶持或组建以仓储、运输、装卸等为主要业务的物流企业。

6.1.4 促进科技人才集聚和内育，提供人力资源保障

航天技术作为典型的知识密集型高科技，集众多学科与新成就于一体，在技术研究开发和生产加工制造过程需要投入大量的科技人员。所以，河北及其各承接地区的科技人力资源问题是航天企业最为关心的问题之一，也是需要迫切改善的"硬环境"。

（1）航天科技人才集聚

第一，借助交流合作，推进科技人才对接。河北航天产业企业，要不断通过合作方式的创新及合作渠道的拓宽，与国内外相关科研机构和专家学者搭建良好的合作互动交流平台，并要加强与省内相关政府、科研机构以及上下游企业间的科技人才互动，共同开展科技研究、共享科技成果。

第二，推动政产学研有机结合，创新人才吸纳机制。包括：建立

研究生实习基地、专业技术中心和企业孵化器等，吸引具有创新精神的科技人才加入；通过聘请兼职、科技咨询、项目合作和人才租赁等方式，引进各类各层次科技人才，帮助企业解决生产和技术上的难题，提升企业的市场竞争力和科技创新能力。

第三，加大科技人才资金投入，完善科技人才配套政策。政府要加大科技资金的投入力度，建立财政科技投入稳定增长机制，把科技投入作为预算保障的重点，并在资源分配上给予适当的政策倾斜，保障引进的科技人才有良好的工作和生活环境，保证引进的科技人才有充足的科研活动经费，从而为其开展创新创业提供良好的环境。

第四，优化航天科技人才配置。根据新出台的《河北省促进高等学校和科研院所科技成果转化暂行办法》，加快制定实施细则并推进落实和优化大学老师与学生创新创业政策，如省内高校、院所科技人员要求离岗创业的，三年内保留其原有身份和职称，档案工资正常晋升，符合专业技术职务晋升条件的可正常申报晋升相应专业技术职务。从而促进高校、院阶科研人员在无就业风险的情况下合理流动、优化配置，形成科技人才工作的整体合力。

第五，创建有竞争性的激励机制，营造良好创新环境。航天产业作为战略性新兴产业的综合，要在落实科技人才引进政策的基础上，根据科技人才特点和需求内容，对其进行多层次、全方位的激励，留住人才并且促进人才发展。同时，要引导企业把创新作为生命力，自觉增加研发投入，形成一种勇于创新、不怕失败、敢为人先的创新文化氛围。

（2）航天科技人才的内育

第一，努力营造尊重人才成长规律的良好环境。人才成长有其内在规律可循。一个人不可能一下子成为专家、成为行业领军人才，在成长过程中必然要经历无数次的失败和挫折。但现在"宽容失败、鼓励创新"的社会氛围和创业环境还没有完全形成，不利于人才脱颖而出。要加强科学人才观教育，强化领导意识，将人力资本投入纳入绩效考核范围。真正从制度措施上，为人才创新创业提供良好条件，为人才能够按照规律成长营造宽松环境。

第二，加强教育培训，为河北培养一批年轻优秀的航天科技人才。要根据地区航天产业发展需要，结合具体相关企业需求，明确人才的培养指向和培养重点，并确定相应的教学模式；要充分借助论坛和交流会的形式，使那些具有丰富经验的科技人才能够传授并引导年轻一代的科技人才快速成长；政府和企业要为年轻的科技人才搭建更多的发展平台、提供更多的发展机会，帮助其借助各种实践机会成长为一名合格的科技人才。

第三，加大与相关高校与科研机构的合作，联合培养人才。充分利用省内高校资源，引导其培养航天专门人才；加强与省外的清华大学、北京航空航天大学、哈尔滨工业大学和西北工业大学及航天两大集团的科研院所等开展合作，联合培养航天科技人才，作为科技人才资源的后备军。

6.2 软环境建设政策建议

随着京津冀一体化推进，河北在硬环境建设日趋完善的基础上，还需在软环境建设上下功夫，需要围绕政府作用和效率、市场机制的有效发挥等方面下功夫，从而为企业创造一个有利于降低交易成本、降低经营风险、提高竞争力的投资环境，以更好承接航天产业转移。

6.2.1 采取适当的政策优惠，提升吸引力

优惠政策指一个地区对外来投资者采取的政策，如减免税收、减少进入障碍、提供优惠信贷和国民待遇等。以下是《西安国家民用航天产业基地管委会关于加快军民融合产业发展的扶持政策》的部分关键举措：

在用地方面，对在航天基地内投资建设科技含量高、市场前景好、辐射带动作用强的军民融合项目，优先安排项目所需土地和生产经营所需场地，优先办理土地、规划等相关手续，重点保证能源供给；对投资额在 1 亿 ~ 5 亿元的项目，优先安排项目用地。对投资额在 1 亿元以下的项目，优先安排标准厂房，解决生产经营的场地需要。

在资金支持方面，积极推荐重大军民融合项目列入省、市重点建设项目管理，发挥绿色通道协调机制作用予以重点保障，并优先推荐申报国家及省市政策性资金扶持项目；对入选陕西省军民结合"双百工程"的项目，按照省级扶持资金 1∶1 的比例给予配套资金支持；对经相关部门批准的"高新工程"项目，减免城市基础设施配套费；对入选陕西省军民结合"双百工程"的重点企业，给予最高 100 万元的资金支持；对经审核确认的重大军民融合产业化及技改项目，给予不超过项目总投资 20%、最高 2000 万元的资助；对于取得国家及省、市资金支持的科技攻关、技术创新、技术改造的军民融合项目，给予最高 200 万元的配套资金支持；对首次获得中国驰名商标、中国名牌、中国出口名牌的企业，给予一次性 100 万元奖励；对有市场、效益好的军民结合特色品牌产品的流动资金贷款需求，给予重点支持和推荐；对自主研发填补国内空白或在行业领域有重大突破的关键设备，给予最高 100 万元的首台（套）奖励；对军工高新技术成果成功转化的项目，产品年销售收入在 5000 万元以上，给予 50 万元以内的资金补助；对于主导制定国家标准的牵头企业，给予最高 50 万元奖励；对所制定的企业标准和行业标准转化为国家标准的企业，给予 20 万元奖励；对新评为国家和省级、市级的重点实验室、工程技术研究中心、工程研究中心，分别给予一次性不超过 100 万元、50 万元、30 万元的奖励；对营业收入过亿元的盈利企业，按其纳税总额的 5% 给予融资费用补贴。其中营业收入 10 亿元以下的，每年给予不超过 100

万元的融资费用补贴；营业收入超过10亿元的，每年给予不超过200万元的融资费用补贴。

在税收优惠方面，对具有高技术和产业化前景的中小军民融合企业的产品项目，给予优先孵化服务。对有场地需要的创新型军民融合企业，给予办公、生产经营场地租金前两年免除、第三年减免按50%收取，减免面积不超过400平方米；对于年营业收入和税收增速在50%以上的中小军民融合企业，从其税收的航天基地留成部分，按50%比例给予奖励。注册在航天基地的创业投资企业，对中小高新技术军民融合企业进行投资的，对其投资收益税收的航天基地留成给予全额补贴。

在其他方面，积极协助中小军民融合企业进行无形资产担保和质押贷款，鼓励担保机构为基地内中小军民融合企业提供融资性担保，按其提供的担保业务额给予2%的补贴；支持产业联盟整合相关资源，构建信息咨询、技术服务、成果交流等军民融合信息服务平台，对其中的科技基础条件建设的，给予一定的资金补助；鼓励企业开拓国内外市场，对参加由航天基地组织或确认的有影响力的产品展示、新品发布、专业会展等活动，给予一定经费补贴。

目前，河北各地区对于"国家级开发区""省级开发区"和其他科技园区都有特殊的优惠政策，妥善整合优惠政策、发挥自身优势，对航天产业布局河北形成了新的吸引力，但还需对那些投资数额巨大、投资时间长的重点引进产业项目，进一步在延长免税期、增加投资抵减项目和海关商品进出口优惠等方面进行政策创新；同时还要在开发用地，工业水电价格，企业注册、兼并、破产等方面给予政策上的优惠以促进河北航天产业的崛起。另外，对当前正在建设的固安航天产业科技园、保定航天乐凯新材料工业园、中国唐山航天育种产业化示范基地等及以后要建设的石家庄卫星导航产业园、中国航天科技军民融合产业园等，可借鉴上述西安国家民用航天产业基地的相关政策，结合园区特点和规划目标，出台相应的优惠政策，形成政策洼地效应，吸引航天项目入园。而且，这些优惠政策还应根据园区发展不同阶段的需要，及时加以调整，特别随着国家实施创新驱动战略，以及新常态经济环境下，其政策要在科技成果开发和科技能力提升上进行聚焦。

6.2.2 开展知识产权保护，为转移企业自主创新提供保障

航天产业具有高投入、高风险、高产出的特点，需要通过知识产权保护，保障高技术创新成果不流失，保障航天技术开发者、投资者、应用者之间权利义务关系，从而促进航天产业及项目的转移承接。

（1）明确产权归属，完善对专利发明人的奖励机制

河北省政府要积极引导航天企业、大学、科研机构等创新主体形成合理的、明确的知识产权归属制度，根据当事人之间的协议、科技成果的创造性程度及当事人对科技成果所做的创造性贡献，准确、合理的明确知识产权的归属，依法保护真正权利人的创新成果。另外，要完善对专利发明人的奖励机制，在确定知识产权权利归属的基础之上，构建科学合理的知识产权利益分享机制，把知识产权发明人的合理收入与其发明创造所带来的经济效益挂钩，把知识产权的获得、利用、管理和保护水平的高低作为晋级、奖励和评定职称的指标，并把其作为考核技术人员的重要标准，最大限度的提高知识产权发明人的创新积极性。

（2）要努力促进自主知识产权项目产业化

一方面，要发挥省政府的公共财政的扶持作用，增加针对航天知识产权成果转化投入。利用政策性融资为航天自主知识产权产业化项目提供担保，设立航天类知识产权项目产业化专项资金，并加强管理。另一方面，要为航天自主知识产权项目产业化营造良好的市场环

境，包括：通过安排财政性资金购买航天自主创新产品或者订购产品以扩大需求；加快制定相关政策吸引社会资金投入知识产权产业化项目当中；发挥财政高新技术产业化引导资金带动社会资金的作用，对自主知识产权项目产业化进行无偿资助，并结合资金循环回收模式促进资金利用率的提升，同时对项目的资金管理实施监督，带动航天企业及其他社会资金对自主知识产权项目产业化的支持。

（3）加强知识产权保护，建立完善知识产权保护机构

首先，要加大舆论宣传力度，提高对知识产权保护重要性的认识，让相关部门和人员了解航天知识产权保护的现状和存在的问题，并深刻认识到加强知识产权保护是现有企业增强竞争的重要途径，一改以往"重成果奖励，轻专利保护；重技术，轻权利"的传统观念。其次，要重视知识产权人才培养，一方面，相关部门和企业要重视知识产权人才的引进，并提供良好的工作环境，使其迅速投入到相应工作中；另一方面，要借助专题讲座、高校进修和培训课程开设等，提高知识产权工作人员运用、管理和保护知识产权的能力。最后，借鉴国外经验，建立更加完善的知识产权管理机构，在航天企业研发阶段对知识产权进行整体的策划，在民品进入市场阶段要加强知识产权的跟踪与保护，对知识产权的许可、转让和投资等要有全面的了解和准确地把握。另外，还可以建立专门的基金，专门用于知识产权的战略研究、专利申请、转化、奖励及其培训等。[108]

6.2.3 构建良好的科技创新投融资环境

航天产业属于高风险、高回报、高技术的智力密集型、资本密集型和技术密集型产业，其起步条件要求较高，前期开发费用远超过其产值，即使进入商业化生产，实现盈利也要有一定的时间，因此，如何通过设立良好科技创新投融资环境，打破产业"隔阂"，以促使航天类科技企业摆脱融资困境，是推进航天产业承接发展的重要举措。

（1）加强金融支持政策的引导

进一步完善航天产业转移承接地区的金融支持政策，在信贷政策、利率政策、外汇政策、准入政策、风险损失准备金的税前提取政策等方面，对航天科技创新的金融支持给予激励，积极扶持具有自主知识产权的创新，具有高科技含量和高附加值的创新，为支持和鼓励转移航天科技创新和航天科技成果应用提供一个配套、包容的金融政策环境。特别是针对当前企业主融资渠道的银行机构，要在加大风险补偿准备金的基础上，加强政府征信的助力作用；通过完备细化科研项目和企业自身的信息、完善企业信誉管理、引导建立银企交流平台等渠道，解决金融机构和企业的信息不对称问题，减少银行信贷的风险担忧，鼓励银行增加对航天类科技创新的信贷力度；引导建立小微企业金融业务服务中心，支持航天科技型中小企业贷款专营机构的试点与发展，完善科技创新的金融平台支持。

（2）完善科技金融服务体系，开发支持航天科技创新的金融产品

一般而言，金融服务体系包括资金支付结算体系、外汇结售汇体系、金融顾问咨询体系、信用担保体系、信用记录体系、保险体系、资产评估体系、股权抵押服务体系、股权转让交易服务体系、债权股权纠纷仲裁体系等内容。[109]要充分考虑转移航天企业的实际情况，进行服务流程的优化。比如，在风险可控的前提下，各银行业金融机构要对航天企业科技创新贷款的审批权限进行科学设置，优化审贷程序，提高贷款审批效率，对企业签发和持有的商业票据申请贴现，要加快业务流程，优先办理。与此同时，要根据转移航天企业的科技创新要求，大胆探索适合于科技创新特点的金融产品和金融工具，如在银行方面，针对航天高新技术在开发阶段存有的资金困境，研究推出集合信贷批量化支持产品、无抵押担保产品、组合担保产品、知识产权抵押担保产品等多种形式的金融创新产品；在保险方面，进一步研发完善科技保险产品库，分散航天企业或研发机构在研发、生产、销

售、售后及其他经营管理活动中出现的风险。另外，还要在与创投基金、风投基金相衔接的贷款或债券融资，以及融资租赁规模的扩大和租赁产品的多样化等方面进行积极探索。

（3）成立河北航天产业基金，拓宽航天技术产业化的融资渠道

2010 年 1 月，中国航天科技集团公司联合北京市亦庄国际投资发展有限公司、海淀区国有资本经营管理中心、中国中信集团公司，以及北京航天产业基金管理有限公司共同发起，在北京设立首期募集30.3 亿元、设计规模为 200 亿元的航天产业基金，重点投向人造卫星、运载火箭、卫星运营及卫星应用、航天电子、新材料新能源、太空生物及太空育种、重大装备制造等领域，以推动航天产业资本与市场资本的融合，促进航天产业发展。2012 年在 8 月，中国航天科工集团公司及其所属的航天科工资产管理有限公司联合中关村发展集团股份有限公司、国信弘盛投资有限公司、北京航众工业有限公司等机构，发起设立了规模为 10 亿元的航天科工军民融合科技成果转化创业投资基金，开拓物联网、平安城市、智能交通、智能电网、信息安全等重点业务领域的项目投资，并借助创业投资优势，发挥产业孵化功能，积极推动科技成果转化和军民融合。由此可见，为了进一步促进航天产业发展，河北可借助上述经验做法，联合航天两大集团，创立河北航天产业发展基金，围绕新能源、新材料、电子信息、高端装备、节能环保、卫星导航和遥感数据应用等新兴产业领域，加快推进河北航天产业的市场化、规模化进程。

6.2.4 不断提高地区自主创新能力水平

航天产业是集多学科、高精尖技术于一体的综合性产业，也就是说航天产业的发展是建立在创新基础之上的，要想切实解决河北航天产业发展的根本性问题，需要增强河北地区自主创新能力建设，为河北航天产业整体发展水平的提高，奠定良好基础。

（1）将创新的重要性切实落实在实际工作中

河北省应积极发挥各市、县政府在创新活动中的协调作用，要切实落实现有政策和各类发展规划的目标任务，并组织科研力量开展具有优势的基础科学研究，协调有关科研机构和企业联合开展涉及钢铁等支柱产业和航天等新兴产业发展急需的共性技术和关键技术研发，以及为企业进行技术研究开发营造良好的创新环境。首先，在基础性科学研究上，由于其具有非功利性、公共产品性和高风险性的特点，使得企业无力承担研究失败所带来的一系列后果，需要各相关部门会同科技厅，研究和实施基础性科学研究的组织和资助，如设立专项资金等；其次，在产业共性技术和关键技术的研发上，由于其外部效应，不一定能为企业带来盈利，却可以带来社会效益，再加上研究的复杂性使得单个企业难以独自承担，因此，也需要借助政府的力量对科技创新活动进行有效组织，以更好地实现重大产业共性和关键技术的创新；最后，企业进行技术创新需要有良好的创新环境作为有利支持，需要政府提供技术创新发展的基础平台、服务体系以及相关的激励政策措施进行支持和保障。

（2）推动技术市场和技术转移体系的发展与完善

第一，要加强对技术市场的管理、引导与规范。制定适合河北省经济社会发展的有关促进技术市场发展、规范技术交易行为、保护技术交易者权益的法律法规及配套实施细则；在稳定和落实现有技术市场财政税收优惠扶植政策的基础上，进一步研究和完善激励自主创新、体现技术要素参与收益分配等原则的政策与制度；明确技术市场监管部门职责，建立监管制度，完善监管手段与条件，严厉打击技术市场中违法违规行为，规范技术交易行为；积极探索并逐步建立技术市场有关科技中介服务机构的信誉评价体系。

第二，整合提升技术市场服务水平。加强技术市场与其他要素市场的融合与互动。扩大技术交易市场的规模和业务质量，完善无形资产评估制度，促进技术市场与金融市场、产权市场的互动与衔接。推动技术交易服务向技术创新链条的两端延伸，大力开展多种形式的技术评价、咨询、经纪、信息等服务活动，通过技术转移促进行动，对现有的常设技术交易市场进行改造和升级，使其进一步发挥技术转移的主导和示范带动作用。

第三，推进科技中介机构的市场化运作能力，促进科技成果转化。结合航天等高新技术转化要求，择优扶持一批科技评估、咨询机构培养高层次人才，提高项目论证、实施策划和效果评估能力。与此同时，政府要在资金投入、业务骨干培训、宣传和业务指导等方面加强宏观管理和指导，重点支持一批专业服务水平高、组织协调能力强、已经树立服务品牌和信誉的中介服务机构，并按照"服务专业化、发展规模化、运行规范化"的发展方向，发挥科技中介服务机构的科技成果转化功能，加快推进技术创新服务的市场化进程。

（3）增强创新的交流与合作

一方面要鼓励和支持河北省航天等高新技术企业及科研院所与京津的相关科研单位和高校或者海外研究开发机构联合建立实验室或研发中心，进行科研项目的合作；举行形式多样、各具特色的高新技术项目发布会，增进对接合作项目企业与专业人士的相互交流与了解，更好地实现优势互补，以及鼓励支持科研机构和科研人员参与或牵头组织全国和区域性大科学工程。另一方面，建立政府、高校、科研单位、企业和金融单位一体化合作模式，并把实际经济社会效益作为对科研成果的主要评级指标，使科研立项以产业发展需求为导向，实现原始性创新突破，为产学研结合体提供技术人才支撑；企业根据自身特点积极加强对新技术的应用，为产学研结合提供产业主体支撑；银行、投资基金、风险投资公司等企业提供资金支持满足其生产和扩大再生产、流通、技术的需要。

6.3 竞争性环境建设政策建议

从全国范围来看，各地为了吸引航天产业转移，纷纷与航天两大集团签署战略合作协议，并通过一系列优惠政策的出台，结合自身的地域和产业优势等，开展航天产业项目招商。但随着区域之间优惠政策趋同以及国家产业发展政策调整，依靠个别方面的竞争优势已难以应对日益激烈的区域竞争。河北省要实现与航天产业的顺利对接，不能局限于与其他区域比优惠，而应该在完善一般意义上的软、硬投资环境的基础上，突出自身地域优势和京津冀协同发展的重大战略机遇等，构建具有独特性、竞争性的引资环境。

6.3.1 重视与行业协会的合作

行业协会是一种主要由会员自发成立的会员制的、在市场中开展活动的、以行业为标志的、非营利的、非政府的、互益性的社会组织。[110]它介于政府、企业之间，是政府与企业的桥梁和纽带，其目的在于根据国家法律和协会内部的规约，为会员提供信息服务并制约和协调会员的个体行为，以实现行业或区域经济整体健康的发展。

在产业转移过程中，企业作为产业转移主体，其转移行为，也会受到行业协会的作用，如东部地区眼镜产业向江西余江转移过程中，眼镜行业协会起到了很大作用，再如温州眼镜产业链在向重庆转移过程中，重庆温州商会的牵线搭桥的作用功不可没，它们在发挥其协会内资源整合、提供信息与咨询服务等方面，效果显著。

（1）积极对接各类全国性航天类行业协会

积极推进河北省各级政府与航天类行业协会建立多渠道、多层次和全方位的长效合作机制，利用协会在航天领域的影响力和推动力，吸引会员企业来河北考察投资，推进河北航天产业的发展，促进行业技术创新和人才的引进培养。

由于航天产业涉及内容较广泛，大部分是根据其应用领域广泛分布于各个行业领域的协会，其中较为聚焦的行业协会主要有：中国宇航学会，该协会是中国宇航科学技术工作者的群众性学术团体，其主要职能是：开展国内外学术交流，举办各种国内和国际学术会议、讲座、展览，促进民间国际科技交流，普及航天科学技术知识，传播推广先进生产技术和管理经验；开展科技咨询、科技服务和科技转让，接受委托对航天科技发展战略、政策和经济建设中的重大决策进行论证、评估和咨询，组织科技成果鉴定、技术职务资格评定；开展对会员和科技人员的知识更新和继续教育，及时发现并推荐人才；评选在科学研究、科技进步及先进技术推广取得优异成绩的科技工作者，并择优推荐、申报国家科学技术奖。中国航天工业质量协会，该协会是由航天工业企事业单位、相关配套单位，以及致力于质量管理事业的人士自愿参加的、非营利性科技社团组织。其主要职能是：探索适应我国航天工业特色的质量管理道路，组织开展质量管理的学术研究和交流，为航天两大集团公司服务；为企事业单位提供质量诊断和技术咨询及培训服务；组织 QC 成果发表，评审奖励优秀成果；围绕航天科研生产管理上的薄弱环节，组织开展学术研究；开展多种形式的社会监督和用户评价，等等。

由此可见，航天类行业协会组成人员的专业性、专家性特征显著，他们专业知识基础扎实、部分工作人员过去就是企业各个层面上的负责人，而且相对政府有关部门来说，它们对航天科技发展情况及对企业的项目需求理解更具体、感受更强烈、研究更专业、信息更畅通、咨情更准确，能比较准确地把握产业梯度转移的趋势和规律，从而在推进航天项目落户河北时，提高针对性和有效性。

在具体合作上，要结合行业协会自身的职能特点，推进各类学术交流和咨询合作开展，促进当地企业更好地了解航天产业发展情况，为地方相关企业开展航天技术开发、航天技术承接应用等提供机会；

同时，借助行业协会资源能力，联合行业协会在省内举办投资说明会和推介会，向各类航天产业企业推荐河北地区合资及技术合作企业，提高合作对接效率。另外，在充分利用各类行业协会资源基础上，建立一个由政府指导管理、行业协会具体执行的投资促进新体系，理顺投资促进机构纵横关系，保证投资促进机构的权威性和对话、沟通能力，同时让投资促进机构建立灵活自主的管理机制，把社会力量和各类专业机构组织起来，培育航天项目在河北的落地和发展。

（2）推进河北航天类行业协会的建立

借助北华航天工业学院与航天两大集团的渊源，结合北华航天工业学院学科特色，支持鼓励建设由航天科学技术工作者自愿结成并依法登记成立的河北航天产业发展学会，挂靠在北华航天工业学院，成为河北省科学技术协会的组成部分。该学会的主要职能是：开展学术交流，组织重点学术课题的研究探讨和技术考察；普及航天科学技术知识、传播科学精神、思想和方法，推广先进技术；编辑出版论文集、相关的音像制品及其他技术资料，组织撰写学术著作和科普读物；促进和开展继续教育和技术培训工作，帮助科技工作者补充新的知识；开展国际性、地域性的航天科技交流活动，发展同国内外的相关科学技术团体和科技工作者的友好交往；对地方国防建设中的重大问题开展决策论证，对各类项目等进行科技咨询服务，对委托项目进行评估、成果鉴定，以及开展技术职务资格评定、科技文献和标准的编审等任务；开办多种形式的科技开发实体，举办科技展览，推动航天技术在其相关领域的应用，促进科技成果商品化；推荐奖励优秀的科技成果、学术著作，奖励科普成果；通过学会活动，积极发现优秀科技人才，进行表彰奖励活动，并向有关部门推荐；反映航天科技工作者的意愿和要求，维护他们的合法权益，举办为科技工作者服务的各种事业和活动。

依托河北省内现有航天类产业企业，由企业界和有关经济、科研、新闻工作者及有关企业工作者团体，支持鼓励组建河北省航天企业联合会。该联合会的主要职能是：协调企业和政府职能部门、机构之间的关系，向企业传达政府精神及法律法规，向政府反映行业、企业的心声；为行业内企业提供法律支援，以及投资、融资等金融服务；向会内企业提供各类专业服务，提高企业的办事效率，降低企业成本，例如，举办业内展览会、组织开展研讨会、学术技术交流会、企业技术培训等；行使社会监督职能，维护正常的市场经济秩序；规范内部行为，对非法经营、不正当竞争等行为进行揭露和举报，依法维护行业利益；促进行业内资讯流通，引领企业会员找准正确市场方向，增强行业整体实力，提高行业国际竞争力；对航天产业基础资料、技术情报、最新专利和经济信息进行搜集与整理、统计分析，研究河北省航天产业的中、长期发展规划，为政府部门的决策提供参考；组织会员开展多种联谊交流活动，增进同业间的友好往来和团结协作，从而获得共同发展。

为了更好地发挥航天类行业协会的作用，相关协会商会建立时，在税收上要能免则免、能降则降，并要初步建立政府职能委托和购买服务制度，对于各级政府每年的委托和购买航天类服务的总金额中要设定一定比例，向这些行业协会进行倾斜，同时可设立行业协会发展基金，扶持和推动行业协会发展。另外，要在政府与行业协会之间形成对话沟通机制，保证渠道的畅通，形成双向互动，政府在制定有关行业政策、做出重大行业决策时也要听取行业协会的意见和建议，探索政府重大行业决策出台先在行业协会内举行听证会的制度，通过定期召开信息沟通会，听取行业协会代表关于企业发展的意见，有条件的话，还可以委托行业协会起草相关政策。同时，政府相关部门要定期对所授权或委托事项的执行情况进行监督检查，并通过退出机制，将那些行业企业不认同、自身建设落后、行业企业覆盖率低的行业协会，进行解散或兼并。

6.3.2 加大政府采购，发展壮大河北航天市场

航天产品的技术特性决定了航天产业不可能像其他产业一样展开全面的竞争，而只能是在一定范围内的有限竞争。这种有限竞争或竞争的适度性主要体现在以下几点：第一，航天产品虽然属于高科技产品，有高科技产品的共性，但由于其系统工程性强、研制周期长、协作面广、高精尖技术多、风险大、投入高，学科和专业覆盖面大，带动与辐射作用强，又有别于一般高科技产品；第二，航天产品的特殊要求往往会给竞争主体的形成带来困难，一些投入大、技术高的尖端系统工程项目和大型的关键分系统及航天技术仪器设备，通常不具备培育两个以上实力相当的竞争主体市场条件；第三，航天技术的复杂性增加了航天市场合同履行的难度，合同和契约的权威性和有效性是市场有序竞争的一个基础，然而，许多航天产品批量小、品种多、质量与可靠性要求高、使用的环境条件苛刻、研制难度大、技术改造投入多，航天产品在技术上的这种复杂性使得大量航天产品的价格计算方法难以做到科学、准确，直接影响到合同的准确性及其可执行性；第四，航天产品市场易于受政治、外交等诸多因素的影响，其需求带有其他产品所没有的不稳定性。[59]

航天产品市场的这些特性决定了航天产业不能像其他产业一样展开完全的市场竞争，而只是在一定范围内的适度竞争，这就需要政府既是航天科技工业研制生产计划的制订者，也是航天科技产品的消费者，通过运用政府力量给予支持和扶持。

（1）建立区域航天产品市场体系

航天产业的运行需要有一个多层次的、多方面的市场系统，如生产要素市场、金融市场、人才市场、技术市场等。根据河北省航天产业的现有条件，建立航天产品市场体系，首先要发展航天产业的生产要素市场，而这个市场需要地方市场经济体系的健全，因为只有具备

完善的市场经济体系，如金融市场、人才市场、技术市场的良好发展，才能使航天产业在发展中高效便捷地从生产要素市场获取生产要素、从人力资本市场吸收人才、从技术市场取得技术，关于河北市场体系的完善和健全，由于不是本书研究目标和重点，这里不再详述。当大多数航天企业能够通过市场机制获取企业生产所需的人、财、物时，市场对航天产品生产的调节作用将增大，河北航天市场体系将逐步建立和发展，随之航天产品市场体系也将建立和完善起来。

（2）加大政府采购力度

政府采购者通过价格、数量、标准和交货期等相关支持，可为当地航天产业的成长提供所需要的市场空间。一般，政府采购的实施对象要将重点放在处于产品或产业生命周期早期阶段的创新产品上，要成为创新项目、创新产品的首次购买者，如由北华航天工业学院开发的区域遥感监测业务化运行与服务系统，该系统可利用高分辨率对地观测卫星提供的航天遥感信息，实现对林业、农业、水利、国土资源等领域的区域遥感监测与数据分析，从而极大提高政府监管和控制的准确性和高效性。由于该系统的应用性和独特性，需要政府在价格、数量给予扶持，通过预付定购金、以略高于成本的价格购买等进行采购，以提高其在政府部门及相关企事业单位的应用性。总之，不论是从国外发达国家还是国内的一些实践经验，在航天产业发展的初期市场上，都需要借助政府的专项采购，以加速其发展步伐。

6.3.3 加强京津冀三地航天产业园区对接，促进合作共赢

近年，随着航天两大集团军民融合战略的深入，航天技术的转化与应用加快，在各地建设的园区迅速增加，如在北京建成或即将建成的北京航天产业园、中关村航天科技创新园和航天信息产业园等，在天津建成或即将建成的中国新一代运载火箭天津产业化基地、中国航天科工智能科技产业园和航天三院天津（滨海）光电信息产业园等，

在河北建成或即将建成的固安航天产业基地、三河航空航天产业基地和航天神州太阳能光热产业园等。这些园区在投入产出、管理模式、园区环境等方面既存在共性，也存在差异，可借助京津冀协同发展机会，加强园区间的合作交流，取长补短，提升河北航天产业园区的整体发展水平。

（1）建立园区合作的政策机制

京津冀三地航天产业园区的合作离不开政府的大力支持：第一，要加大政府对园区合作的支持力度，如三地政府组织相关部门共同成立园区合作领导机构，对三地园区合作事宜进行统一指导，切实保障合作各方的利益；第二，降低京津冀三地合作园区的合作项目的入园门槛，并给予一定的政策倾斜；第三，鼓励金融机构和风险投资公司介入园区的合作，通过这些企业参与科技成果在园区合作中的孵化和产业化，为三地航天科技成果的转化拓宽融资渠道；第四，联手建立园区合作论坛，加强三地园区的合作与交流，提高园区企业和相关人员的合作意识，增强三地园区企业的互信。

（2）建立园区的人才合作机制

开展园区合作离不开人才支持，京津冀三地航天产业园区由于发展状况、产业内容等的不同，对人才的需求也不同，再加上京津冀三地人才结构不同，三地可通过建立园区的人才合作机制，实现人才信息资源的共享，充分盘活三地航天人才资源的作用，增加其使用弹性，推进园区更有效、更直观的交流合作。具体包括：第一，采用互派人员到对方挂职锻炼的方式，相互学习借鉴，积极探索创新工作方法、管理理念和招商服务理念，为良好合作打好人才基础；第二，通过互相的异地人事代理、招聘会、人才（劳务）输出、人才测评、人才猎头、人才培训等新型人才服务项目，建立广泛的合作交流、市场互动关系，共同搭建区域内共通的人才服务体系；第三，建立面向各方的网上人才共享和交流平台，逐步实现区域人才信息联网；第四，加大航天应用类技术人才的培养力度，为园区发展提供人力资源支撑。

（3）打造园区合作的信息平台

为促使生产要素在区域内实现自由流动，必须要有完备、安全、高效的信息平台，发育完善的综合市场体系和区域性的要素市场，三者缺一不可。一般，市场发育在不同区域存在不平衡点的特性必然会带来信息的不平衡性。所以，促进京津冀三地航天产业园的合作，需要做好如下工作：第一，打造资源、业务和流程等的综合信息平台，同时营造充分竞争的市场环境，加快完善和培育区域性要素市场，从而让市场机制在区域合作中发挥基础调节和配置作用；第二，要加强信息资源的交流共享，在客商资源、项目信息、工作措施等方面加强协调、对接、交流，提升园区承接项目的灵活性；第三，要及时跟踪国内外航天产业发展的未来态势，构建文献资料等的信息数据库，互相提供航天技术研发、生产、贸易等的科研报告和信息分析，以及时地为三地园区合作提供决策参考和基础依据。

（4）创新园区合作的方法和模式

为了促进京津冀三地航天产业园区的合作，创新型的合作模式将成为园区合作发展不可忽视的助力。第一，充分发挥京津冀三地航天产业园区自身的特色和优势，共同举办联合招商、联合推介活动，降低招商成本，增强招商的针对性和有效性；第二，定期组织京津冀三地航天产业园区内企业间互相考察访问，促进企业之间多种形式的经济贸易合作与技术交流，同时还可推动下属分支机构、企业间建立对口合作关系；第三，探索科技入股、产业合作的新模型，如以有偿服务的方式，按技术承包、企业合作共同研究开发等方式，建立合作示范点，为全面园区产业合作提供样板，形成比较紧密的产、加、销一体化的经济实体，拓展园区合作的空间。

6.3.4 加强省部合作和政府服务能力，增强承接竞争力

（1）加强省部合作

为了获得更多的政策和资源支持，需要将地方战略上升到国家层面，这就需要发改委等部门进行参与和指导。以皖江城市带承接产业转移示范区规划上升为国家级规划为例进行简要说明，2008年7月上旬，国家发改委应安徽省政府邀请，派出10多位司局负责同志组成综合调研组到安徽进行调研，之后，提出了在安徽设立承接产业转移示范区的构想；2008年10月，安徽省《关于设立皖江城市带承接产业转移示范区，积极推进泛长三角区域合作的请示》上报国务院；2009年1月，国务院领导同意了国家发改委关于设立皖江城市带承接产业转移示范区有关问题的请示；2009年2月，国家发改委会同安徽省和国务院有关部门正式启动皖江城市带承接产业转移示范区规划编制工作；2009年7月，形成规划草案之后，国家发改委牵头组织国务院22个部门和上海、江苏、浙江一市两省发改委、经协办80多人深入皖江城市带146个调研点进行调研，广泛听取各界的意见；2010年1月12日，国务院正式批复了皖江城市带承接产业转移示范区规划。上述现象在其他地区也出现过，比如工信部分别与河南省、新疆维吾尔自治区共同举办产业转移系列对接活动，商务部在昆山、上海设立产业转移促进中心等。因此，为了更好实现河北承接航天产业转移与发展的目标，需要积极争取相关部委支持。

另外，河北地区加强与航天产业转出地政府、中央有关部委的合作，共建平台，也是一个发展新思路。如合作中，转出地政府要根据本地产业结构调整计划及时发布产业转移信息，鼓励本地企业通过省部合作平台寻找新的目标区位，承接地政府可以通过合作平台进行招商推介活动，中央部委则要做好协调工作，及时纠正产业转移中出现的不良倾向，从而明确各方责任；再如三方联合行动，共同组织举办一些高层次的航天产业转移与承接活动，营造推动区域产业转移的社

会氛围；等等。总之，通过加强省部合作，可获得更高层面的资源支持，可实现三地更为充分的交流合作，从而保障航天产业转移承接活动的高效有序。

（2）加强政府服务能力

第一，要转变政府职能。不断深化行政管理体制改革，规范政府行为，强化政府经济调节、市场监管、社会管理和公共服务职能，实现政府工作重心由管理向服务转变，由微观控制向宏观协调转变，健全与市场经济相适应的体制、政策、法律环境；为企业的成长发展提供多层次、全方位服务，逐步建立起运转协调、行为规范、廉洁高效、公正透明的行政管理机制；营造出厚爱企业、尊重企业、保护企业、支持企业的和谐氛围，培育具有人文关怀的发展氛围，创造公平的法制环境。

第二，要改善行政管理。减少审批事项，规范审批程序，简化审批手续，公开审批内容、条件、依据、程序和时限，实行政务公示制和承诺制，以及行政审批责任制和过错追究制度，健全外来投资审批和管理的全过程服务，推行一个窗口办公、一站式服务、一个口子收费的做法，并完善对水、电、燃料等公用事业价格和土地有偿使用的管理，降低产业转移的成本风险；建立公共信息服务平台，形成主体市场服务体系，为各类供应商、采购商提供信息、展示、交易、物流仓储及会议、论坛等服务；形成虚拟市场服务体系，建立电子商务系统，为各类供应商、采购商提供国际电子采购交易服务，等等。

第三，创新制度体系。继续按照市场化取向的制度安排要求，抓紧清理、修改有关地方法规和政策文件，着重贯彻和推行政策法规的透明度原则、国民待遇原则和公平竞争原则，提高法规和政策的统一性和稳定性，加强知识产权保护力度，为外来投资营造一个良好的政策法律环境，提高高层级转移项目的吸引力；依法规范财产关系、信用关系和契约关系等涉及市场交易体系和经济利益关系的行为，依法制定透明公开的交易程序和监督体系。

第7章 结 论

　　航天产业作为高科技的集大成者，具有持续技术创新的特点和很强的技术溢出效应，在我们当前的经济社会发展中，有大量的先进制造技术、加工工艺、新型电子元器件技术、新型材料技术等都来源于航天产业，可以说，航天产业是传统产业技术进步的重要源泉，也是新兴产业产生和发展的重要来源。伴随着国内航天产业的迅速发展，以及各地方政府对航天产业的带动、示范和辐射作用的重视，研究航天产业转移和承接，实现经济又快又好发展，就具有重要的理论价值和现实意义。

　　本书从回顾产业转移与产业承接等方面的相关研究成果入手，围绕航天产业发展情况、航天产业转移推拉力分析、河北承接能力评价、河北承接战略定位以及河北承接政策等方面，通过文献研究与调查研究相结合、理论研究与实证研究相结合、定性分析与定量分析相结合的方法，进行系统研究，力求使理论更好地指导实践。

　　（1）航天产业发展情况

　　航天技术的特性决定了航天产业的特殊性。首先，结合现有航天技术定义，从学科领域和价值领域界定了航天技术的内涵，分析了航天技术的特征和应用效应；进一步，按照"大航天产业"构想，重新界定了航天产业的内涵，并据此对航天产业的特点和航天产业的类型进行详细说明。其次，结合我国航天产业发展历程，将其划分为准备阶段（20世纪50年代中期到70年代中期）、起步发展阶段（20世纪

70 年代中期到 80 年代末)、调整阶段(20 世纪 80 年代末到 21 世纪初)、快速发展阶段(21 世纪初至今),并对各发展阶段的特点进行说明。最后,结合航天产业内涵,将其内容划分为调控、设计、生产、测试、应用服务和供应,并对国内主要两家航天企业,即中国航天科技集团、中国航天科工集团的业务板块和产业内容进行了详细介绍。

(2)航天产业转移的推拉模型

产业之所以发生空间转移,就在于其动力要素。首先,按照人口迁移的推拉理论分析框架,结合现有的关于企业迁移的推拉力和产业转移的推拉力研究成果,提出航天产业区域转移的推拉模型,认为航天产业转移是①推力:航天两大集团内在发展的需要、政府产业发展政策;②拉力:生产要素的低廉、投资环境的改善;③阻碍力:航天产业转移的区域黏性、政府政策支持;④排斥力:基础设施落后、发展观念和生产要素市场的滞后性;这四种力共同作用的结果。其次,结合上述模型,以北京作为航天产业转出地、河北作为航天产业转移承接地为例,对上述四种力进行具体分析。最后,根据京津冀协同发展趋势以及相关政策内容,认为河北将加快承接航天转移产业,逐步参与北京航天等高科技产业的链条环节分工,拉长京津冀地区的航天产业链,最终实现跨越式发展。

(3)河北承接航天产业转移的能力评价

能否抓住航天产业转移机遇,关键在于承接地的承接能力。首先,根据产业承接能力的内涵,结合航天产业特点,将航天产业转移承接能力的概念界定为:一个国家或地区在一定时期和一定的产业基础、劳动力、资源等条件下,所具备的吸引接纳航天转移产业并能使其得以存续的产业吸引能力、产业选择能力和产业支撑能力,并围绕这三种力构建了一个包含 22 个指标的承接能力评价指标体系。其次,考虑到指标体系特点,以及主观赋权法和客观赋权法的优缺点,设计了一个基于 AHP 法与熵权法相结合的组合赋权式综合评价模型；最后，运用该评价模型对河北各地区承接航天产业的能力进行综合评价，得出在承接航天产业能力上，石家庄、唐山和廊坊属于第一层次，邯郸、秦皇岛、保定、沧州和邢台属于第二层次，承德、张家口和衡水属于第三层次。

（4）河北承接航天产业的战略定位

明确承接战略，选择适合的对接模式，有助于资源合理配置和分工合理布局。首先，从航天产业链结构、转移特点以及河北各地当前发展规划、承接航天产业转移的情况两方面，分析了河北承接航天产业的战略定位依据。其次，根据上述依据，按照产业空间发展布局的"核心−边缘"模式，将航天产业转移承接的区域定位为：石家庄、唐山、廊坊和保定四个地区是承接航天产业的核心地区，邯郸、秦皇岛、沧州、邢台、承德、张家口和衡水七个地区是承接航天产业的边缘区域；根据河北地区在承接航天产业方面的已有基础，将航天产业转移承接的类别定位为：试验测试环节的承接，航天基础部件和终端材料等项目或外围部件和低端材料等项目的承接，新材料、新能源、卫星应用等航天技术应用项目的承接。最后，在分析航天产业转移的几种类型基础上，相应地提出三种承接模式，即特色产业园区承接模式、填补链条式承接模式和合作共建式承接模式。

（5）河北承接航天产业转移的政策建议

做好航天产业转移承接，最终需要落实在可操作性的政策措施上。首先，在硬环境建设政策建议上，提出以下几点：借力京津冀一体化、推进河北协调发展，加快培育航天产业链立体化互动集群，借鉴先进经验、推进航天特色园区建设，促进科技人才聚集和内育、提供人力资源保障。其次，在软环境建设政策建议上，提出以下几点：采取适当的政策优惠以提升吸引力，开展知识产权服务以为转移企业自主创新提供保障，构建良好的科技创新投融资环境，不断提高地区自主创新能力水平。最后，在竞争性环境建设政策建议上，提出：重视与行业协会的合作，加大政府采购、发展壮大河北航天市场，加强京津冀三地航天产业园区对接、促进合作共赢，加强省部合作和政府服务能力、增强承接竞争力。

参考文献

[1] FAA. The Eeonomic Impact of Commercial Space Transportation on the US Eeonomy:2004 [R]. Working paper, 2006.

[2] OECD. Evaluating the Industrial Indirect Effects of Technology Programmers: The Case of the European Spaee Ageney (ESA) Programmer [EB / OL]. http: // www. oecd. org / dataoecd / 3 / 37 / 1822844. pdf, 2000.

[3] Canadian Space Office. A Review of the Strategies and Eeonomics of Long Term Space Plan Ⅱ [R]. Working paper, 1994.

[4] Hertzfeld H R. "Space as An Investment in Eeonomic Growth" in Logsdon, J. ed. "Exploring the Unknown, Seleeted Doeuments in the History of the US Civil Spaee Program" [R]. Washington, DC: NASA History Offiee, 1998.

[5] 郭岚, 张样建. 中国载人航天产业投资与经济增长的关联度 [J]. 改革, 2009 (4): 74 – 83.

[6] Kaname A. A Historical Pattern of Economic Growth in Developing Countries [J]. The Developing Economies, 1962, 1 (1): 3 – 25.

[7] Vernon R. International Investment and International Trade in the Product Cycle [J]. Quarterly Journal of Economics, 1966, 80 (2): 190 – 207.

[8] 张秀山, 张可云. 区域经济发展的极化理论 [M]. 商务印书馆, 2003: 201.

[9] Porter M E. Competitive Advantage [M]. New York: Free Press, 1985: 75 – 78.

[10] Fujita M, Krugman P R, Venables A J. The Spatial Economy: Cities, Regions and International Trade [M]. MIT Press, 2001: 143 – 146.

［11］Wheeler D, Mody A. International Investment Location Decision：The Case of US Fims［J］. Journal of International Economics, 1992（33）：57 - 76.

［12］Lall S. The New Multinationals［M］. New York：Chichester and New York, John Wiley, 1983：463.

［13］关满博. 东亚新时代的日本经济——超越"全套型"产业结构［M］. 上海：上海译文出版社, 1997：92 - 95.

［14］安虎森. 区域经济学通论［M］. 北京：经济科学出版社, 2004.

［15］Simon H A. Theories of Decision - Making in Economics and Behavioral Science［J］. American Economic Review, 1959（49）：253 - 283.

［16］Schmenner R W. Making Business Location Decisions［M］. Prentice-Hall, 1982：78 - 81.

［17］任太增. 比较优势理论与梯级产业转移［J］. 当代经济研究, 2001（11）：47 - 50.

［18］沈晓. 产业转移中企业和政府的行为决策研究［D］. 南京：南京理工大学, 2009.

［19］蒋满元. 承接产业转移过程中的政府生态责任与生态政策选择问题探讨［J］. 中共青岛市委党校. 青岛行政学院学报, 2009（5）：11 - 15.

［20］陈建军. 中国现阶段的产业区域转移及其动力机制［J］. 中国工业经济, 2002（8）：37 - 44.

［21］魏后凯. 产业转移的发展趋势及其对竞争力的影响［J］. 福建论坛（社会经济版）, 2003（4）：11 - 15.

［22］张可云. 区域大战与区域经济关系［M］. 北京：民主与建设出版社, 2001：273 - 282.

［23］冯邦彦等. 广东省区际产业转移影响因素的实证研究［J］. 广东工业大学学报（社会科学版）, 2009（2）：39 - 44.

［24］陈刚, 陈红儿. 区际产业转移理论探微［J］. 贵州社会科学, 2001（4）：2 - 6.

［25］尤晓. 垂直产业迁移与我国中西部地区经济发展探讨［J］. 中国软科学, 1996（10）：81 - 86.

［26］翟松天，徐建龙. 中国东西部产业结构联动升级中的产业对接模式研究［J］. 青海师范大学学报（社会科学版），1999（2）：1－6.

［27］马海霞. 区域传递的两种空间模式比较分析——兼谈中国当前区域传递空间模式的选择方向［J］. 甘肃社会科学，2001（2）：30－32.

［28］曹荣庆. 浅谈区域产业转移和结构优化的推进路径［J］. 浙江师范大学学报（社会科学版），2002，27（4）：68－71.

［29］陈建军. 中国现阶段产业区域转移的实证研究——结合浙江105家企业的问卷调查报告的分析［J］. 管理世界，2002（6）：64－74.

［30］朱华友，孟云利，刘海燕. 集群视角下的产业转移的路径、动因及其区域效应［J］. 社会科学家，2008（7）：43－50.

［31］何云，李新春. 企业跨地域扩张战略的初步研究——以广东工业类上市公司为例［J］. 管理世界，2000（6）：106－114.

［32］郝寿义、安虎森. 区域经济学［M］. 经济科学出版社，2004：7.

［33］展宝卫. 产业转移承接力建设概论［M］. 济南：泰山出版社，2006：10－26.

［34］张冬梅. 提升西部地区产业承接能力研究［J］. 现代经济探讨，2008（10）：56－58.

［35］孙雅娜，边恕. 辽宁承接国际产业转移的能力与对策［J］. 辽宁经济，2007（1）：25－27.

［36］杨凡，陶涛，家顺良. 中西部地区产业承接能力分析［J］. 合作经济与科技，2010（8）：24－26.

［37］马涛，李东，杨建华，翟相如. 地区分工差距的度量：产业转移承接能力评价的视角［J］. 管理世界，2009（9）：168－169.

［38］何有世，秦勇. 离岸软件外包中江苏四城市承接能力的综合评价［J］. 软科学，2009（12）：86－90.

［39］惠调艳，胡新，马莉. 陕西软件的产业转移承接能力研究［J］. 中国科技论坛，2010（4）：77－83.

［40］庄晋财，吴碧波. 西部地区产业链整合的承接产业转移模式研究［J］. 求索，2008（10）：5－8.

[41] 梁云，刘银国，闻帅. 中部地区承接产业转移模式探讨 [J]. 现代商业，2010 (3)：49 – 51.

[42] 郭元，常晓鸣. 产业转移类型与中西部地区产业承接方式转变 [J]. 社会科学研究，2010 (4)：33 – 37.

[43] 徐毅. 江西在全球市场竞争新格局下承接产业转移的对策 [J]. 求实，2002 (10)：14 – 16.

[44] 谭介辉. 从被动接收到主动获取——论国际产业转移中我国产业发展战略的转变 [J]. 世界经济研究，1998 (6)：65 – 68.

[45] 郑胜利. 复制群居链——台商在大陆投资的"集群"特征分析 [J]. 经济评论，2002 (5)：71 – 76.

[46] 王常先. 航天技术怎样影响国民经济 [J]. 中国航天，1992 (3)：6 – 9.

[47] 栾恩杰. 中国航天发展政策和展望 [J]. 高科技与产业化，2006 (11)：7 – 12.

[48] 张晓强. 我国航天产业发展的战略重点与几点考虑 [J]. 中国工程科学，2006 (11)：7 – 12.

[49] 陈金伟. 基于模块化理论的欧洲航天产业组织研究 [D]. 南京：南京航空航天大学，2009.

[50] 吴连生，张文翰. 航天技术的效益与生成机制的研究 [J]. 数量经济技术经济研究，1996 (9)：34 – 41.

[51] 廖丰湘. 中国航天科学技术市场化发展战略研究 [D]. 长沙，湖南大学，2001.

[52] 林蔚然，何继伟，潘坚. 我国航天技术的直接经济效益 [J]. 中国航天，2000 (6)：24 – 26.

[53] 高菲. 2013 年中国航天产业上市公司发展分析 [J]. 卫星应用，2014 (4)：33 – 41.

[54] 闵贵荣，廖春发. 航天高技术产业发展趋势 [J]. 中国航天，2001 (12)：9 – 13.

[55] 国防科技名词大典总编委会. 国防科技名词大典·航天 [M]. 北京：航空工业出版社，2002：205.

［56］王俊峰. 航天经济产业在国民经济建设中的作用［J］. 世界导弹与航天，1990（1）：2-5.

［57］赵兵. 航天系统工程［M］. 北京：宇航出版社，2000：251-262.

［58］罗开元，蒋宇平. 国外军用、民用、商业航天综合发展的战略［J］. 中国航天，2000（9）：14-17.

［59］吴照云. 中国航天产业市场运行机制研究［D］. 上海：复旦大学，2003.

［60］于宗林. 对全面贯彻"军民结合、寓军于民"方针的认识和理解［J］. 中国军转民，2006（9）：5-16.

［61］杨小亭. 航天技术应用产业发展公共政策分析研究［D］. 上海：复旦大学，2012.

［62］中国运载火箭发射列表. 维基百科，自由的百科全书［DB／OL］. http：// zh. wikipedia. org / wiki /，2014-10-23.

［63］程名望，史清华. 中国农村劳动力转移：从推到拉的嬗变［J］. 浙江大学学报（人文社会科学版），2005（6）：105-112.

［64］Lewis G J. Human Migration［M］. London：Groom Helm Ltd，1982.

［65］Lee E S. A Theory of Migration［J］. Demography，1966，3（1）：47-57.

［66］Nakosteen R A，Zimmer M A. Determinants of Regional Migration by Manu-facturing Firms［J］. Economic Inquiry，1987，25（2），351-362.

［67］Pellenbarg P H. Firm Migration in the Netherlands［C］. The 45th European Congress of the Regional Science Association，Amsterdam，2005.

［68］朱华晟，王缉慈，李鹏飞，李伟. 基于多重动力机制的集群企业迁移及区域影响——以温州灯具企业迁移中山古镇为例［J］. 地理科学进展，2009，28（5）：329-336.

［69］王花荣. 产业跨区域转移中的动力机制分析［J］. 金融经济，2007（18）：89-91.

［70］魏后凯. 现代区域经济学［M］. 北京：经济管理出版社，2006.

［71］张弢，李松志. 产业区域转移形成的影响因素及模型探讨［J］. 经济

问题探索, 2008 (1): 49-53.

[72] 成祖松. 我国区域产业转移粘性的成因分析: 一个文献综述 [J]. 经济问题探索, 2013 (3): 183-190.

[73] 胡永业. 航空航天 [J]. 现代兵器, 2008 (9): 2-3.

[74] 尚前名. 航天商业的中国蓝图 [J]. 瞭望, 2009 (25): 27-28.

[75] 马子红. 基于成本视角的区际产业转移动因分析 [J]. 财贸经济, 2006 (8) 46-50.

[76] 赵莉, 葛京凤. 基于引力模型的区域城市地价研究——以京津冀都市圈区域为例 [J]. 中国土地科学, 2013, 27 (12): 52-58.

[77] 徐盈之, 朱依曦. 产业集聚的经济效应区域化还是城市化?——基于中国航空航天制造业的研究 [J]. 科学学研究, 2010, 28 (5): 719-726.

[78] 张富高. 航空航天: 重振蓝天辉煌 [J]. 科技潮, 2012 (1): 41-42.

[79] 金福子. 河北省基础设施对城镇经济发展影响的实证分析 [J]. 经济视角, 2012 (3): 21-23.

[80] 成力为, 孙玮, 王九云. 要素市场不完全视角下的高技术产业创新效率——基于三阶段 DEA-Windows 的内外资配置效率和规模效率比较 [J]. 科学学研究, 2011, 29 (6): 930-938.

[81] 王满四, 黄言生. 欠发达地区承接产业转移的关键影响因素研究——以江西省赣州市为例 [J]. 国际商务——对外经济贸易大学学报, 2012 (2): 96-104.

[82] 罗哲, 邓生菊, 关兵. 西部地区承接产业转移的能力分析与规模测度 [J]. 甘肃社会科学, 2012 (6): 90-94.

[83] 苏华, 胡田田, 黄麟堡. 中国各区域产业承接能力的评价 [J]. 统计与决策, 2011 (5): 41-43.

[84] 高云虹, 王美昌. 中西部地区产业承接的重点行业选择 [J]. 经济问题探索, 2012 (5): 131-136.

[85] 江朦朦. 产业转移格局中不同地区的产业承接能力分析 [J]. 华中师范大学研究生学报, 2012, 19 (3): 6-12.

[86] 李世杰, 邱士可, 杨文新, 宋立生. 河南省产业转移承接能力空间差

异分析 [J]. 河南科学, 2014, 32 (11): 2350 – 2354.

[87] 高云虹, 梁志杰. 基于因子分析的中西部地区产业承接能力评价 [J]. 科学·经济·社会, 2013, 31 (133): 65 – 68.

[88] 何雄浪, 张慧颖, 毕佳丽. 西部民族地区承接产业转移能力的分析 [J]. 民族学科, 2013 (20): 1 – 8.

[89] 罗若愚, 何慧玲, 张龙鹏. 中国西部地区产业承接能力的区域差异与政府间合作治理研究 [J]. 电子科技大学学报 (社科版), 2014, 16 (2): 7 – 12.

[90] 商华. 基于组合赋权的 EIP 利益相关者满意度评价 [J]. 科研管理, 2011, 32 (11): 131 – 138.

[91] 王勇. 项目管理在航天专项工程中的应用研究 [D]. 北京: 清华大学, 2009.

[92] 董现珠, 毛泽龙. 中国航天产业的经济带动效应分析 [J]. 苏州科技学院学报 (社会科学版), 2011, 28 (6): 17 – 21.

[93] 张庆伟. 政府工作报告 [N]. 河北日报, 2014 – 01 – 14.

[94] 王方, 全伟. "长三角" 地区外商直接投资的区域分布及产业结构分析 [J]. 华东经济管理, 2004, 18 (1): 7 – 10.

[95] 袁俊. 武器装备预研的若干问题讨论 [J]. 国防技术基础, 2007 (12): 48 – 51.

[96] 王博, 弓韬. 知识管理在试验测试技术专业的应用 [J]. 航天工业管理, 2014 (7): 61 – 63.

[97] 余斌. 航天电子元器件质量保证体系研究 [D]. 长沙: 国防科学技术大学, 2009.

[98] 赵峰. 航天新材料转化前景诱人 [J]. 国防科技工业, 2012 (9): 36 – 37.

[99] 李忠宝. 卫星应用战略发展思路 [J]. 卫星应用, 2013 (5): 4 – 6.

[100] 高登榜. 产业转移中的主导产业选择与承接模式研究 [D]. 合肥: 合肥工业大学, 2013.

[101] 梁云, 刘银国, 闻帅. 中部地区承接产业转移模式探讨 [J]. 现代商业, 2010 (33): 49 – 51.

[102] 邓丽. 基于生态文明视角的承接产业转移模式探索 [J]. 吉林大学社

会科学学报，2012，52（5）：106－111.

［103］赵张耀，汪斌. 网络型国际产业转移模式研究［J］. 中国工业经济，2005（10）：12－19.

［104］符正平，曾素英. 集群产业转移中的转移模式与行动特征——基于企业社会网络视角的分析［J］. 管理世界，2008（12）：83－92.

［105］唐运舒，冯南平，高登榜，杨善林. 产业转移类型与承接地环境的耦合分析——基于泛长三角制造业的经验证据［J］. 产经评论，2014（6）：72－81.

［106］黄大柯. 海峡两岸高科技产业分工合作的策略研究［J］. 华侨大学学报（哲学社会科学版），2007（4）：33－39.

［107］杨震宁，董怡，张皓博. 科技园功能定位与资源供给差异关联性的案例比较研究［J］. 科学决策，2014（9）：16－31.

［108］王新安，梁业峰. 陕西民用航天产业知识产权保护问题研究［J］. 西安财经学院学报，2012，25（1）：102－106.

［109］中共崂山区委党校课题组. 青岛城市科技创新金融支持体系的完善路径［J］. 中共青岛市委党校·青岛行政学院学报，2013（6）：33－36.

［110］贾西津，沈恒超，胡文安. 转型时期的行业协会——角色、功能与管理体制［M］. 北京：社会科学文献出版社，2004.